W0371682

Le dico de l'économie

DANS LA MÊME SÉRIE

Le calcul, Librio n° 595
Dictionnaire des rimes, Librio n° 671
Le français est un jeu, Librio n° 672
Le dico de l'info, Librio n° 743
Formulaire de mathématiques, Librio n° 756
Maths pratiques, maths magiques, Librio n° 763
Le dico de la philo, Librio n° 767
La géométrie, Librio n° 771
Le mot juste, Librio n° 772
Petit atlas de la France d'aujourd'hui, Librio n° 780
Dictionnaire de la Bible, Librio n°795
Les bons usages d'Internet, Librio n°807
Le dico du citoyen, Librio n° 808
L'écologuide de A à Z, Librio n° 811
L'histoire de France est un jeu, Librio n° 813
L'anglais est un jeu, Librio n° 814
La science est un jeu, Librio n° 815
Comment ne pas rater son bac, Librio n° 818
Apprendre à apprendre, Librio n° 831
La mythologie est un jeu, Librio n° 834
La littérature est un jeu, Librio n° 837
La philo est un jeu, Librio n° 860
Le XXe siècle est un jeu, Librio n° 861
L'espagnol est un jeu, Librio n° 862
It's raining cats and dogs et autres expressions idiomatiques françaises, Librio n° 874
Les expressions qui ont fait l'histoire, Librio n° 875
Paris est un jeu, Librio n° 876
Le théâtre est un jeu, Librio n° 880
La culture est un jeu, Librio n° 881
L'économie est un jeu, Librio n° 890

Rudolf Brennemann
Pierre Vinard

Le dico de l'économie

Librio
Inédit

© E.J.L., 2009

Introduction

La crise financière qui s'est déclenchée aux États-Unis au début de l'année 2008, et qui a gagné ensuite l'ensemble du monde, a fait pénétrer dans notre quotidien des mots nouveaux, souvent d'origine anglo-saxonne, traduisant l'affolement des marchés et la perplexité des pouvoirs politiques devant l'ampleur des phénomènes. Plus que jamais la réalité économique interpelle les dirigeants du monde, sommés de trouver des solutions à une situation dont ils sont rendus responsables par l'opinion publique, et cela pour n'avoir pas pris à temps les mesures qui s'imposaient. Cette réalité interpelle aussi les simples citoyens qui cherchent à comprendre, et parfois à intervenir, dans le débat économique nourri de ces derniers mois.

Mais que signifient exactement ces termes dont on nous abreuve lors des reportages télévisés consacrés à la crise, ou au détour des pages économiques de nos journaux préférés ? Les mots ont-ils d'ailleurs le même sens dans la bouche d'un journaliste économique, d'un homme politique ou d'un financier ? Et surtout, derrière ces mots, n'y a-t-il pas des conceptions différentes du fonctionnement de l'économie ? En effet, la crise actuelle a redonné de belles couleurs aux affrontements traditionnels entre thuriféraires du marché et partisans d'une régulation forte. Alors que les libéraux – au sens économique – tenaient le haut du pavé depuis le milieu des années soixante-dix, la prise de participation des pouvoirs publics dans le capital des banques en difficulté, les vertus « anticycliques » prêtées aux déficits budgétaires ou la mise en place de règles prudentielles plus rigoureuses ont donné aux partisans de l'intervention de l'État l'occasion de faire entendre de nouveau leur voix.

Ce petit lexique a donc pour unique ambition de mettre derrière chaque mot ou chaque expression une définition claire, renvoyant à un contexte historique et parfois théorique précis. Nous avons privilégié une entrée par le terme français, mentionnant son équivalent anglais avec un simple renvoi. Par ailleurs, un ouvrage similaire pourrait être consacré aux grands économistes tant la connaissance de leurs idées est essentielle à la compréhension d'une science qui reste avant tout une science humaine. Compte tenu de la taille de l'ouvrage, nous avons choisi de privilégier les plus importants d'entre eux, en les associant aux concepts dont nous leur sommes redevables. Il ne nous reste plus qu'à souhaiter au lecteur une agréable lecture, en espérant que cet ouvrage lui rendra le fonctionnement de l'économie plus compréhensible, à défaut d'être plus prévisible et mieux maîtrisable...

Rudolf BRENNEMANN et Pierre VINARD

A

Abus de position dominante

Pratique commerciale anticoncurrentielle (y compris l'exploitation incorrecte de clientèle ou l'éviction de concurrents) à laquelle est susceptible de se livrer une entreprise en position dominante pour conserver ou renforcer sa position sur le marché.

Accélérateur

Mécanisme économique décrivant la corrélation entre la modification de la demande de biens et celle des capacités de production correspondantes. Une augmentation de la demande implique de la part des entreprises un effort d'investissement plus que proportionnel pour s'adapter, entraînant une forte hausse de la demande de biens de production. Ce mécanisme est à l'origine d'un cycle économique de croissance.

Acte unique européen

Conclu en 1986 et entré en vigueur le 1er juillet 1987, l'Acte unique européen vise à créer un marché unique au sein de la CEE (qui deviendra Union européenne le 1er janvier 1993) avec la libre circulation des marchandises, des services, des capitaux et des hommes.

Actif circulant

Du point de vue comptable, il s'agit de l'ensemble des postes en bas de l'actif du bilan, dont le taux de renouvellement est théoriquement supérieur à celui de l'exercice comptable : stocks, créances clients, comptes de trésorerie.

Actif financier

Partie du patrimoine des ménages ou de l'actif du bilan des entreprises, constituée de valeurs mobilières (action, obligation, OPCVM monétaires, billets de trésorerie, etc.) acquises sur le marché financier. À la différence des actifs monétaires, ils ne sont pas directement utilisables pour payer une transaction : il faut auparavant les vendre pour disposer de moyens de paiement directement utilisables.

Actif immobilisé

Dans le bilan comptable d'une entreprise, il s'agit de l'ensemble des biens et valeurs que l'entreprise conserve plus d'un an : terrains, bâtiments, brevets, titres immobilisés, stock-outil.

Actif monétaire

Partie du patrimoine des ménages ou de l'actif du bilan des entreprises se composant de moyens de paiement directement utilisables (pièces de monnaie, billets, ou bien encore les dépôts bancaires utilisés grâce à des outils de paiement tels que les chèques ou les cartes bancaires) ou facilement convertibles en monnaie (actifs liquides).

Action

Titre financier échangé sur les marchés financiers. Une action représente la propriété d'une part du capital d'une société. C'est un droit d'associé rémunéré par des dividendes (part variable des bénéfices). Seules les entreprises les plus grandes sont habilitées à émettre des actions.

Agence de notation

Institution théoriquement indépendante dont l'objet consiste à donner une note financière à des entreprises, en fonction de leur situation économique (après, par exemple, la réalisation d'opérations exceptionnelles dont on cherche à mesurer l'impact sur les résultats). « AAA » est la meilleure note et « BBB » la plus mauvaise.

Agent économique

Centre de décision autonome qui joue un rôle spécifique dans l'activité économique et appartient à une catégorie identifiable par sa fonction ou son activité économique principale. La comptabilité nationale répartit les agents en sept secteurs : les sociétés et quasi-sociétés non financières, les ménages, les administrations publiques, les administrations privées, les institutions financières, les sociétés d'assurance et l'extérieur (le reste du monde).

Agrégat

Grandeur statistique de l'activité économique exercée sur le territoire par l'ensemble des agents économiques pour une période donnée. Les agrégats les plus utilisés sont le PIB et le PNB.

Agrégat monétaire

Mesure comptable de la monnaie en circulation détenue par les résidents d'un pays. On distingue différents agrégats monétaires en fonction du degré de liquidités des actifs pris en compte, notés de M1 (le plus liquide) à M3 (le moins liquide).

Aléa moral

Dans le cadre d'un contrat, l'aléa moral est la possibilité pour un des contractants d'exploiter une faille du contrat à son profit. L'aléa moral résulte de l'asymétrie d'information entre les parties.

Amortissement

Constatation comptable de la dépréciation d'un bien due à l'usure ou à l'obsolescence. L'amortissement consiste à étaler une dépense (acquisition d'une machine) sur plusieurs années.

Anticipations adaptatives

Dans la théorie monétariste, il s'agit du mécanisme qui permet à l'agent d'adapter son comportement en tenant compte de son expérience récente. Ainsi, face à une politique de relance de type keynésien, les ménages compareront cette politique avec une politique du même type effectuée dans le passé et ils n'augmenteront leurs dépenses que de façon partielle et momentanée.

Anticipations rationnelles

Théorie économique développée par Robert Lucas, prix « Nobel » d'économie 1976. Il s'agit du fait, pour une majorité d'agents, d'anticiper de façon relativement exacte et immédiate les conséquences d'une mesure de politique économique, et par cela de la rendre inefficace. Ainsi les ménages – face à une augmentation du déficit budgétaire – anticiperont une hausse plus ou moins rapide des impôts, et réduiront donc d'autant leur consommation, annulant ainsi l'effet escompté sur la demande.

Asymétrie d'information

Expression qui définit la situation où un agent économique dispose d'informations pertinentes qu'un autre n'a pas (cas typique du garagiste par rapport à l'automobiliste lors de la vente d'un véhicule d'occasion). Selon le modèle de concurrence pure et parfaite, on présume que les agents économiques sont bien informés. Mais dans les faits, sur les marchés réels, l'information est inégalement répartie entre les agents.

Atomicité

Situation de marché où les offreurs sont très nombreux et ne disposent chacun que d'une faible part de marché. Dans ce schéma, aucun des offreurs n'est en mesure d'influencer l'ensemble du marché et d'imposer ses prix. L'atomicité est souvent considérée comme une condition d'existence d'un modèle de concurrence pure et parfaite (CPP).

Autoconsommation

Phénomène par lequel des ménages consomment une partie de leur propre production (par exemple, s'ils ont un jardin et font pousser des légumes). Dans le cadre de la comptabilité nationale, la consommation des ménages inclut l'autoconsommation.

Autorité des marchés financiers (AMF)

Autorité française indépendante chargée de la régulation des marchés financiers. Elle veille à la protection de l'épargne investie dans les instruments financiers – en particulier ceux faisant appel public à l'épargne –, à l'information des investisseurs, etc. Elle est issue de la fusion de la Commission des opérations de Bourse (COB), du Conseil des marchés financiers (CMF) et du Conseil de discipline de la gestion financière (CDGF).

Autoréalisation

On parlera d'anticipations autoréalisatrices dans le cas où les actions de certains agents économiques engendrent les effets attendus. Les bulles spéculatives créées sur les marchés (boursiers, immobiliers, ou autres) constituent une illustration d'autoréalisation.

Avantage absolu

Théorie du commerce international développée par Adam Smith qui insiste sur l'importance d'avantages que certaines nations possèdent par rapport à d'autres dans le domaine de la production : les avantages sont absolus quand une nation produit un bien à un coût inférieur à celui d'autres nations.

Avantage comparatif

Théorie du commerce international développée par David Ricardo. Cette théorie considère qu'une nation qui n'a pas d'avantages absolus n'est pas condamnée à ne rien produire. Elle a intérêt à se spécialiser dans la production des biens où l'avantage de ses concurrents en termes de coût et de prix est moindre.

Aversion pour le risque

Comportement qui explique un choix pour un gain espéré et certain (l'obligation, par exemple) par rapport à un gain possible mais aléatoire (action, par exemple), même si ce dernier est potentiellement important.

Avoirs de change

Somme totale du stock de devises que possèdent les autorités monétaires d'un pays ou d'un ensemble de pays (la BCE pour la zone euro par exemple) pour soutenir le cours d'une monnaie sur le marché des changes.

B

Balance commerciale

Poste de la balance des paiements qui enregistre les échanges de marchandises entre l'économie nationale et l'étranger.

Balance des capitaux

Poste de la balance des paiements qui enregistre les flux (donc la variation des encours et non le niveau des encours) de capitaux à court, moyen et long termes entre l'économie nationale et l'extérieur.

Balance des invisibles

Poste de la balance des paiements qui enregistre les échanges de services et les transferts unilatéraux (donc sans contrepartie) entre l'économie nationale et l'étranger, tels que la part des revenus de travailleurs étrangers envoyés à leurs familles dans leurs pays d'origine, l'aide publique au développement ou bien la contribution de la France au budget européen.

Balance des paiements

Document comptable qui enregistre la totalité des flux de biens, de services, de revenus et de capitaux entre les résidents de l'économie nationale et les non-résidents.

Balance des transactions courantes

Poste de la balance des paiements qui enregistre les échanges de biens, de services et les transferts de revenus unilatéraux entre l'économie nationale et l'étranger.

Banque

Établissement de crédit qui reçoit les dépôts, crée des moyens de paiement, collecte l'épargne des clients, accorde des crédits et offre des services financiers, en général grâce à des agences, mais de plus en plus à travers d'autres canaux de distribution : guichets automatiques (GAB) dans des lieux publics, centres d'appel, sites Internet, etc.

Banque centrale européenne (BCE)

L'existence d'une monnaie unique dans un ensemble de pays de l'Union européenne (zone euro) implique le fonctionnement d'une banque centrale commune : la Banque centrale européenne (BCE) instituée en 1998, située à Francfort (Allemagne). La BCE possède le monopole de création de la monnaie fiduciaire. En fixant le niveau des taux d'intérêt et en contrôlant l'évolution de la masse monétaire par le biais de la maîtrise de l'inflation, la BCE conduit la politique monétaire de la zone euro (Eurosystème).

Barrière tarifaire

Mesure protectionniste consistant à appliquer des droits de douane sur les biens importés pour en limiter l'entrée sur le territoire national.

Barrière non tarifaire

Toute mesure protectionniste en dehors des tarifs douaniers, tels que les quotas d'importation, les accords d'autolimitation, l'exclusion des marchés publics, les mesures administratives, les mesures normatives et les subventions d'exportation, visant le même objectif de limiter l'entrée de produits étrangers sur le territoire national.

Benchmarking

Voir Référentiation.

Besoin

Sentiment de privation qui porte à désirer un bien ou un service. La satisfaction des besoins constitue le but de l'activité économique.

Besoin de financement

Certains agents ont de façon structurelle des besoins de financement : les entreprises qui doivent faire face à des investissements, l'État qui doit financer son déficit budgétaire, etc. Ces agents doivent pouvoir bénéficier des capacités de financement des agents qui ont de façon structurelle des excédents de liquidités (les ménages par exemple). Le rôle du système bancaire ou financier est donc de permettre l'affectation des capacités de financement des agents économiques excédentaires aux besoins de financement des agents déficitaires.

Bien collectif

Bien susceptible d'être consommé par plusieurs consommateurs sans que la consommation de l'un réduise la quantité disponible pour les autres (condition d'indivisibilité), et sans que l'on puisse exclure une personne de sa consommation par un mécanisme de prix (condition d'inexcluabilité).

Bien économique

Chose reconnue apte à la satisfaction d'un besoin. Pour qu'un bien puisse être considéré comme bien économique, il doit répondre à trois conditions : satisfaire un besoin (c'est la notion d'utilité), être disponible, et enfin pouvoir faire l'objet d'une transaction sur un marché. Un bien ne devient économique que si les consommateurs doivent payer pour se le procurer (l'eau par exemple lorsqu'elle est traitée et facturée).

Bien mixte

Biens collectifs dont on peut exclure certains consommateurs par un système de péage ou de redevance (par exemple, les autoroutes à péage ou les systèmes de communication par câble).

Bien public

Bien collectif qui répond parfaitement aux conditions d'indivisibilité et d'inexcluabilité (défense nationale, justice, sécurité intérieure par exemple). On parle aussi de bien collectif pur.

Bien public mondial

Bien collectif qui bénéficie à tous les hommes de la planète. C'est le cas de l'air que l'on respire, des ressources de la mer ou de la biodiversité. Mais l'activité des agents économiques crée des externalités négatives qui mettent en péril ces biens. La question qui se pose est alors de savoir comment l'humanité peut protéger ces biens pour sa propre survie.

Branche

Regroupement d'entreprises ou d'établissements fabriquant le même type de produits. Exemples de branches : agriculture, commerce, énergie, transports...

BRIC

Acronyme désignant les principaux pays émergents (Brésil, Russie, Inde, Chine).

Budget

Document comptable présentant les recettes et les dépenses d'un agent économique au cours d'une période donnée (en général l'année).

Budget des collectivités territoriales

Ensemble des dépenses et des recettes d'une collectivité territoriale (région, département ou commune).

Budget de l'État

Document comptable issu des lois de finances décrivant les dépenses et les recettes. En 2008, les prévisions de dépenses nettes de l'État français se montaient à 275 milliards d'euros, et les recettes nettes à 233,5 milliards, soit un déficit prévisionnel de 41,5 milliards d'euros.

Budget de la Sécurité sociale

Ensemble des dépenses et des recettes des différentes branches de la Sécurité sociale (maladie, vieillesse, famille et accidents du travail). En 2005, le budget de la Sécurité sociale s'élevait à 365 milliards d'euros, tous régimes confondus, soit plus de 21 % du PIB de la France.

Bulle spéculative

Phénomène lié à une hausse de prix très importante sur un marché donné (financier, immobilier, matières premières) dont l'origine – et surtout l'ampleur – est due à un comportement mimétique des intervenants sur ce marché. En fonction de la nature de cette bulle, on parle de « bulle boursière », de « bulle financière » ou de « bulle immobilière ».

C

CAC 40

Le sigle CAC signifie « cotation assistée par ordinateur » et le chiffre 40 correspond aux quarante plus importantes valeurs françaises. Le CAC 40 est l'indice d'évolution de la capitalisation boursière des entreprises cotées à la Bourse de Paris.

Capabilité

Concept formalisé par l'économiste indien Amartya Sen, prix « Nobel » (voir p. 74) en 1998, qui peut être défini comme la capacité d'un individu à exercer concrètement ses droits et ses aspirations.

Capacité de financement

Excédents financiers dégagés par certains agents économiques (en général les ménages) qui ont des dépenses inférieures à leurs revenus. Le rôle du système financier est de mettre ces ressources à la disposition des agents économiques qui ont au contraire des besoins en financement pour développer leur activité, et cela moyennant une rémunération (intérêts ou dividendes).

Capital

Terme polysémique dont le qualificatif est essentiel pour en comprendre la signification (voir capital financier, capital circulant, etc.). Dans le sens le plus trivial, il s'agit d'un ensemble des biens matériels ou d'actifs financiers susceptibles de produire des richesses.

Capital circulant

Ensemble des biens entièrement détruits au cours d'un cycle de production. On nomme ainsi les matières premières, les biens intermédiaires, l'énergie, les consommables divers dont le producteur doit faire l'avance avant de pouvoir fabriquer et vendre son produit.

Capital financier

Ensemble des titres à long terme (actions, obligations, créances à long terme) possédés par un individu ou une institution. Le capital financier procure différents types de revenus : dividendes pour les actions, intérêts pour les obligations ou les prêts.

Capital fixe

Somme des moyens de production durables, techniques (matériels et bâtiments), qui ne sont pas détruits au cours du processus de production et qui participent à plusieurs cycles de production. Leur durée de vie est supérieure à un an.

Capital humain

Somme des connaissances ou du savoir-faire qui améliorent l'efficacité productive de l'homme au travail, et doivent donc améliorer à terme ses revenus. Ce capital augmente avec les efforts de formation menés. On doit la théorie du capital humain à un économiste américain, Gary Becker, prix « Nobel » d'économie 1992.

Capital technique

Ensemble des biens de production possédés par une entreprise. Le capital technique comprend essentiellement les bâtiments et les machines.

Capitaux à court terme

Dans le cadre de la comptabilité nationale, il s'agit de l'ensemble des dettes et créances à moins d'un an entre les agents économiques résidents et les agents économiques non résidents.

Capitaux à long terme

Dans le cadre de la comptabilité nationale, il s'agit de l'ensemble des dettes et créances à plus d'un an, des investissements directs et des investissements de portefeuille, entre les agents économiques résidents et les agents économiques non résidents.

Capitaux propres

En comptabilité d'entreprise, il s'agit de l'ensemble des apports des associés (ou des actionnaires) et des ressources dégagées et conservées par l'entreprise. Les capitaux propres figurent au passif du bilan de l'entreprise. La part des capitaux propres dans l'ensemble des ressources financières de l'entreprise (capitaux propres et emprunts à moyen et long terme) mesure l'indépendance de l'entreprise.

Cartel

Regroupement de producteurs qui passent un accord de limitation ou de suppression de concurrence, soit par un partage du marché (attribution de quotas ou de parts de marché), soit par un prix convenu.

Changes fixes

Système monétaire dans lequel les taux de change sont déterminés par rapport à un étalon (par exemple, l'or), une monnaie (par exemple, le dollar) ou un panier de monnaies (par exemple, l'ecu). Le système de taux de change fixes entre les grandes monnaies des pays industrialisés a disparu en 1971 avec la fin des accords de Bretton Woods, nés au lendemain de la Seconde Guerre mondiale.

Changes flexibles (ou flottants)

Système monétaire dans lequel les taux de change varient librement sur le marché des changes au gré des offres et des demandes pour telle ou telle monnaie. Le système des changes flottants prévaut actuellement entre les grandes monnaies (dollar, euro, yen, livre sterling).

Chèque

Instrument de circulation de la monnaie scripturale, le chèque (bancaire ou postal) est un ordre de paiement écrit qui permet au titulaire du compte, le tireur, d'autoriser sa banque, le tiré, à régler immédiatement au porteur du chèque, le bénéficiaire, la somme inscrite sur celui-ci. Cette somme est prélevée sur les fonds disponibles au crédit du compte (bancaire ou CCP) du tireur.

Choc exogène

Événement apparaissant hors de la sphère économique mais ayant des répercussions sur celle-ci. L'augmentation brutale du prix du pétrole est considérée comme un choc exogène.

Chômage

Selon l'INSEE, le chômage représente l'ensemble des personnes de 15 ans et plus, privées d'emploi et en recherchant un sans succès. Il y a en France deux sources statistiques principales sur le chômage : les statistiques mensuelles du ministère du Travail, élaborées à partir des fichiers de demandeurs d'emploi enregistrés par l'ANPE, et l'enquête emploi de l'Insee, qui mesure le chômage au sens du BIT.

Chômage frictionnel ou naturel

Chômage minimum incompressible lié aux périodes de chômage, suite aux changements d'emploi ou du passage volontaire de l'activité à l'inactivité.

Chômage conjoncturel

Forme de chômage liée à un ralentissement temporaire du rythme de croissance de l'activité économique. Ce chômage est destiné à se résorber lorsque l'activité économique redémarre.

Chômage structurel

Forme de chômage qui trouve sa source dans des dysfonctionnements structurels du marché du travail. Une relance de l'activité économique ne permet pas de résoudre ce type de chômage. Seules des mesures à long terme sur la formation, les qualifications ou la mobilité des travailleurs peuvent avoir un effet.

Chômage volontaire

Forme de chômage qui évoque une situation dans laquelle les demandeurs d'emploi préfèrent demeurer au chômage plutôt que de travailler pour les conditions qui leur sont proposées. Dans l'analyse libérale, le chômage volontaire est le seul type de chômage qui peut exister au sein d'une société régulée par les mécanismes du marché.

Circuit économique

Représentation schématique qui permet d'illustrer la circulation de biens et services entre les différents agents économiques.

Coase, Ronald (économiste anglais, né en 1910)

Lauréat du prix « Nobel » d'économie (voir p. 74) en 1991. Ronald Coase a justifié, en 1937, l'existence de l'entreprise par rapport au marché quand les coûts de coordination par le marché sont plus élevés que les coûts liés à la coordination hiérarchique.

Voir Coût de transaction, Externalités.

Coefficient budgétaire

Part du budget qu'un consommateur consacre à une famille donnée de biens matériels ou de services.

Coefficient de Gini

Voir Indice de Gini.

Combinaison des facteurs de production

Association et coordination des différents facteurs de production afin de produire un bien matériel ou un service.

Commerce équitable

Commerce de produits de base qui se donne comme principe d'offrir aux producteurs des conditions correctes de rémunération, leur permettant de vivre dans des conditions sociales favorables au développement économique. Le commerce équitable se traduit par l'apposition de labels (le plus connu étant Max Havelaar) pour orienter le choix du consommateur final.

Commerce extérieur

Ensemble des échanges de biens entre la France et le reste du monde. L'économie française est une économie ouverte sur l'extérieur qui exporte une part croissante de sa production et dont les importations représentent une part croissante de ses dépenses de consommation et d'investissement.

Commerce extracommunautaire

Ensemble des échanges de biens entre l'Union européenne et le reste du monde. Comme le commerce extérieur français, le commerce extracommunautaire est dirigé principalement vers les pays industrialisés.

Commerce intra-branche

Ensemble des échanges internationaux de produits à l'intérieur d'une même branche de l'industrie ou des services. On distingue ainsi la branche automobile, la branche textile, etc. Contrairement aux théories du commerce international classiques, c'est essentiellement ce type d'échanges qui s'est développé ces dernières décennies.

Commerce intracommunautaire

Ensemble des échanges de biens au sein de l'Union européenne. De fait, les pays de l'Union européenne réalisent plus de 50 % de leurs échanges entre eux.

Commerce intra-firme

Ensemble des échanges commerciaux (essentiellement de produits intermédiaires) entre les filiales mondiales d'un même groupe. Le passage des frontières nationales change ces flux commerciaux en importations et exportations. Ce commerce représente une part très importante du commerce extérieur des pays.

Communauté économique européenne (CEE)

Organisation instituée par le traité de Rome en 1957. L'Union européenne lui succède à partir de 1993.

Compensation

Mécanisme par lequel on peut corriger les pertes de satisfaction d'un agent à l'aide d'une subvention.

Compétence

Ensemble de savoirs, savoir-faire, savoir-être qui peuvent être mobilisés dans un cadre professionnel et transférés dans une autre situation professionnelle. En cela, la compétence se distingue de la qualification, attachée à un poste de travail. La compétence peut être propre à un individu, ou bien collective dans le cadre d'une organisation.

Compétitivité-prix

Désigne la capacité d'un produit marchand (bien ou service) à attirer des clients au détriment des produits concurrents du fait de son prix.

Compétitivité-hors prix

Désigne la capacité d'un produit à attirer des clients pour des éléments indépendants du prix (qualité, délai de livraison, image de marque).

Comptabilité financière

Ensemble des règles et procédures qui permettent de saisir, d'enregistrer et de traiter les informations chiffrées relatives aux échanges d'une entité (en général l'entreprise) et de ses différents partenaires (actionnaires ou associés, salariés, clients, fournisseurs, banques, État, etc.). La comptabilité financière permet de dresser un certain nombre de documents obligatoires – bilan, compte de résultat, tableau de financement – afin d'établir la situation patrimoniale de l'entité.

Comptabilité de gestion

Ensemble des outils et des procédures permettant d'évaluer les coûts internes d'une entité économique, et les marges dégagées dans le cadre de ses différentes activités. Pour atteindre cet objectif, différentes méthodes peuvent être utilisées : méthode des coûts complets, méthode des coûts par variabilité, méthode à base d'activités (dite méthode ABC).

Comptabilité nationale

Ensemble des outils et procédures permettant la saisie des données macroéconomiques au niveau d'un pays. La comptabilité nationale permet de calculer un certain nombre d'agrégats, comme le PIB, et de déterminer la manière dont s'établissent certains grands équilibres économiques (la production d'un pays se traduit par exemple en consommation, investissement, augmentation des stocks et exportation).

Comptabilité publique

Ensemble des outils et des procédures permettant de saisir les informations chiffrées au niveau des administrations (État, collectivités territoriales et établissements publics). Les règles de la comptabilité publique diffèrent de celles de la comptabilité financière qui sont appliquées aux entreprises et aux associations.

Concentration économique

Structure de l'offre se caractérisant par un faible nombre d'entreprises présentes sur un marché et disposant chacune de parts de marché conséquentes.

Concurrence monopolistique

Situation où il existe un grand nombre de vendeurs, mais dans laquelle chaque vendeur dispose d'un pouvoir de marché car son offre n'est pas comparable à celle du concurrent (différenciation du produit). Exemples de concurrence monopolistique : marché de l'électroménager ou des boissons sucrées...

Concurrence pure et parfaite (CPP)

Mécanisme par lequel les prix et les quantités échangées sur un marché s'établissent le plus librement possible. Le marché de concurrence pure et parfaite est caractérisé par cinq éléments principaux : l'homogénéité du produit, l'atomicité du marché, la mobilité des facteurs, la libre entrée et libre sortie du marché et sa transparence. Il existe malgré tout peu de marchés de concurrence pure et parfaite (les bourses de valeurs mobilières ou de certaines matières premières, par exemple).

Consommation

Désigne tout acte d'achat de biens ou de services par des ménages ou des entreprises dont la période d'utilisation est inférieure à une année. La consommation est la contrepartie principale de la production, à côté de l'investissement, des exportations et de la variation des stocks.

Consommation durable

Mode de consommation responsable qui prend en compte les conditions de production des produits, leur durée de vie et leur impact sur l'environnement.

Consommation intermédiaire

Biens ou services extérieurs utilisés dans le processus de production. C'est en enlevant les consommations intermédiaires au chiffre d'affaires qu'on obtient la valeur ajoutée d'une entreprise.

Consommation finale des administrations (ou consommation publique)

Prestations fournies par les administrations publiques à titre gratuit ou quasi gratuit aux ménages (éducation, santé, justice).

Consommation finale des ménages

Toute consommation qui a pour conséquence la disparition totale du bien ou du service dans l'acte de consommer. La consommation de fruits et légumes ou de vêtements par les ménages fait partie de la consommation finale. En revanche, l'achat d'un appartement est une dépense d'investissement.

Consumérisme

Mode de pression des consommateurs qui, en se groupant et en s'informant, s'efforcent d'agir sur les producteurs pour améliorer la qualité des produits, en réduire les effets nocifs sur l'environnement, diminuer les surprix, etc.

Contrainte

Restrictions apportées dans le déroulement des processus économiques par des événements ou des situations sur lesquels on n'a pas d'influence. Pour le producteur, la capacité de production constitue une contrainte. Pour le consommateur, c'est le revenu dont il dispose.

Convertibilité

Disposition d'une monnaie à être obtenue en échange d'une autre. Une monnaie non convertible ne peut être dépensée que dans son pays d'émission.

Cotisations sociales

Versements, à caractère obligatoire, effectués au profit des organismes de Sécurité sociale ou de l'État, en contrepartie des droits à prestations sociales.

Courbe de Laffer

Du nom d'Arthur Laffer, économiste américain né en 1940. La courbe de Laffer présente en abscisse les taux d'imposition (de 0 à 100 %) et en ordonnée les rentrées fiscales. Logiquement, les rentrées fiscales devraient augmenter avec le taux d'imposition. Mais à partir d'un certain taux (que Laffer estime à 30 %), elles diminuent pour devenir égales à 0 car un taux d'imposition trop fort décourage l'effort des individus. C'est l'application du principe que « trop d'impôt tue l'impôt ».

Courbe de Phillips

Du nom de l'économiste néo-zélandais Alban William Phillips (1914-1975). À l'issue d'une étude de séries longues, Phillips a mis en évidence la relation inverse entre la progression de l'inflation et du taux de chômage. Le taux d'inflation progresse quand le taux de chômage diminue, et inversement. Cette relation semble confirmer les thèses keynésiennes et l'efficacité des politiques économiques, qui permettraient d'arbitrer entre chômage et inflation. Malheureusement, la stagflation des années 1970-1980 infirme cette hypothèse. Pour les économistes néoclassiques, cela tient au fait que les agents économiques intègrent dans leurs comportements les effets d'une politique de relance, et que cette dernière se traduit par une augmentation des prix et non de la production.

Courbe en J

Représentation du cheminement normal du solde de la balance commerciale d'un pays après une dévaluation. Le but de celle-ci est de faire baisser les importations et de rendre les exportations plus compétitives. Mais une dévaluation se traduit d'abord par un renchérissement du coût des importations, sans que les exportations aient encore eu le temps d'être dynamisées (ce qui suppose que les entrepreneurs baissent leurs prix à l'export) : d'où une aggravation du déficit commercial.

Coût

Ensemble des charges concernant un objet donné. Le coût de production, par exemple, est constitué de l'ensemble des charges se rapportant à la fabrication d'un produit. On y rajoute le coût de distribution pour obtenir le coût de revient. En cela, le coût s'oppose au prix, ce dernier résultant d'un échange sur le marché.

Coût, assurance, fret (CAF)

Modalité d'enregistrement de la valeur des importations au moment de leur passage à la frontière nationale qui intègre – outre la valeur d'échange (prix) des biens importés – les coûts d'assurance et de transport jusqu'à la frontière française.

Coût de transaction

Coût engendré par la recherche d'un accord sur le marché concernant les prix et les quantités échangées, et par le respect de cet accord. Lorsque les coûts de transaction deviennent supérieurs aux coûts de coordination interne, il est préférable, pour une entreprise, de produire elle-même plutôt que de s'adresser au marché. Ainsi certaines entreprises assurent aujourd'hui – de nouveau – leur activité de service après-vente ou de conseil téléphonique, après avoir enregistré de nombreux déboires avec leurs sous-traitants souvent délocalisés.

Coût fixe

Ensemble de charges dont le montant n'est pas modifié par la variation de la quantité produite. On inclut souvent dans le coût fixe l'amortissement des machines, les loyers ou une part des salaires (personnel d'encadrement par exemple).

Coût marginal

Coût de la dernière unité produite. Il a tendance à baisser très rapidement dans une première phase, puis à augmenter à partir d'un certain niveau. En effet, il peut arriver que, pour satisfaire des clients supplémentaires, il soit nécessaire de mettre en route une unité de production additionnelle ou d'embaucher de nouveaux salariés.

Coût moyen

Coût total divisé par le nombre d'unités produites. Jusqu'à un certain seuil, le coût moyen a tendance à diminuer quand le nombre d'unités produites augmente (économies d'échelle). Puis le coût moyen augmente du fait des rendements décroissants.

Coût social

Coût supporté par l'ensemble de la société pour produire un bien ou un service. Le coût social est la somme du coût de production pour l'entreprise et les effets externes (positifs ou négatifs) entraînés par cette activité.

Coût variable

Ensemble des coûts qui varient proportionnellement à l'augmentation (ou la baisse) de la production. Rentrent dans les coûts variables les consommations de matières premières et une partie de la main-d'œuvre (si la flexibilité des lois sociales et de l'organisation de la production le permet).

Création monétaire

L'octroi d'un crédit sous la forme d'un prêt par une banque commerciale à son client (un agent non financier comme un ménage ou une entreprise) conduit à l'augmentation d'un montant égal de la masse monétaire. En contrepartie du prêt accordé, la banque crédite le compte du bénéficiaire qui dispose alors de monnaie scripturale par un simple jeu d'écriture. Selon un mécanisme inverse à celui mis en œuvre au cours de la création monétaire, le remboursement d'un crédit conduit à la destruction de la quantité de monnaie correspondante.

Crédit

Le crédit est la source majeure de la création monétaire. Le crédit accordé par une banque à son client fait apparaître sur un compte une somme qui n'existait pas auparavant. Le bénéficiaire du crédit pourra utiliser cette monnaie soit en retirant des billets de banque, soit en recourant aux instruments de la monnaie scripturale (chèque, carte bancaire...).

Credit crunch

Voir Resserrement de crédit.

Critères de convergence

Ensemble d'indicateurs arrêtés par les responsables des gouvernements et des États européens pour adopter la monnaie unique européenne, l'euro. Ces critères sont au nombre de cinq : taux de change, taux d'inflation, endettement, déficit public et taux d'intérêt.

Croissance économique

Augmentation durable de la quantité de richesses produites par une économie. En pratique, l'indicateur utilisé pour la mesurer est l'augmentation du produit intérieur brut ou PIB. On distingue la croissance – qui est un phénomène quantitatif – du développement qui revêt un aspect qualitatif (changement des structures économiques et sociales).

Croissance en valeur

Elle mesure l'évolution de la production aux prix courants. En période d'inflation, la croissance en valeur est gonflée par l'augmentation des prix.

Croissance en volume

Mesure de l'évolution du PIB entre deux périodes en corrigeant des effets de l'inflation. L'évaluation du PIB s'effectue donc en prenant le prix des biens et des services à une année de référence.

Croissance endogène

Mécanisme formalisé dans les années 1980 à la suite des travaux des économistes Paul Romer et Robert Lucas et qui situe les origines de la croissance économique dans des facteurs internes (en particulier l'accumulation du capital).

Cycle

Évolution des niveaux d'activité économique. Le cycle se compose d'une phase de croissance relativement plus forte (appelée expansion), suivie d'une phase de ralentissement ou de crise, précédant une phase de dépression, marquée par un recul de l'activité jusqu'à un niveau à partir duquel on constate une reprise, conduisant à une nouvelle phase d'expansion.

D

Décision

Choix en termes de politique économique ou de stratégie pour l'organisation. Le processus de décision a été formalisé par des chercheurs de l'université de Harvard de la façon suivante : identification du problème, recherche de solutions possibles, sélection de la meilleure solution, mise en œuvre de la solution et évaluation des résultats. Ce modèle a été fortement contesté par la suite (voir Rationalité limitée).

Découvert

Situation dans laquelle les recettes provisoires sont inférieures aux dépenses engagées, entraînant une sortie de trésorerie. Le découvert peut être provisoire, et l'équilibre obtenu en fin de période.

Décroissance

Phénomène économique – rarement observé – de baisse du PIB en volume. La décroissance est prônée aussi par un certain nombre d'écologistes radicaux, qui pensent que seule cette dernière est compatible avec les équilibres environnementaux et la survie de l'espèce humaine.

Défaillance du marché

Dysfonctionnement du marché ne permettant pas la fixation d'un prix d'équilibre ou l'allocation optimale des ressources.

Défaisance (*defeasance* en anglais)

Opération ayant pour but d'améliorer le bilan d'une entreprise en se défaisant, sur une entité distincte, d'actifs considérés comme compromis en tout ou partie.

Déficit

Situation dans laquelle les recettes définitives sont inférieures aux dépenses définitives.

Déficit public

Situation dans laquelle les recettes publiques définitives sont inférieures aux dépenses publiques définitives. Par déficit public, on entend en France les déficits cumulés de l'État, des organismes de protection sociale et des collectivités territoriales.

Déflation

Baisse générale de l'activité, engendrant de façon cumulative celle des prix et des revenus, et donc à terme de la demande.

Délocalisation

Déplacement d'unités de production d'un pays vers un autre pays. La délocalisation est en général effectuée pour obtenir des coûts de production plus faibles. Mais il existe aussi des délocalisations pour se rapprocher des acheteurs du bien ou du service considéré.

Demande

Quantité de produits et/ou de services que les agents économiques acquièrent à un prix donné.

Demande effective

Pour l'école keynésienne, il s'agit de la demande anticipée par les entrepreneurs, demande qui tient compte de la demande prévisible des ménages en biens de consommation et des entreprises en biens d'investissement.

Demande globale

Somme de la consommation, de l'investissement, de la variation de stock et des exportations d'une économie nationale.

Dépense publique

Somme des dépenses effectuées par l'État, les organismes sociaux et les collectivités locales. Dans la théorie keynésienne, elles jouent un rôle important dans la régulation de l'économie, soit dans le but de dynamiser l'activité (hausse des dépenses publiques), soit dans celui de la freiner (baisse des dépenses publiques).

Dépréciation

Perte de valeur relative d'un bien ou d'un actif financier.

Dépréciation monétaire

Diminution de la valeur d'une monnaie par rapport aux autres dans un système de changes flottants. La dépréciation peut être lente, ce qui la distingue de la dévaluation qui correspond à une chute brutale de la valeur d'une monnaie.

Déréglementation

Action qui consiste à supprimer les règles encadrant l'activité économique pour favoriser le développement des mécanismes de concurrence sur un marché.

Désinflation

Décélération du rythme de hausse des prix.

Désinflation compétitive

Politique visant à améliorer la compétitivité des produits d'un pays grâce à une meilleure maîtrise des coûts – et en particulier des salaires – qui entraîne un taux d'inflation plus faible que les pays concurrents.

Désintermédiation financière

Phénomène de diminution de la part du crédit dans le financement des entreprises au profit du financement direct par les marchés financiers (sous forme d'émissions d'actions ou d'obligations).

Dette des pays en voie de développement

Ensemble de l'endettement – public ou privé – des PVD. À intervalles réguliers, cette dette fait l'objet de renégociations visant à en alléger le poids pour les pays concernés, soit par l'annulation de certains montants, soit par le report dans le temps de certains remboursements. Les principaux créanciers publics des pays en voie de développement sont regroupés dans le Club de Paris. Et les créanciers privés dans le Club de Londres.

Dette publique

Ensemble des emprunts contractés par les administrations publiques (État, collectivités territoriales, organismes de Sécurité sociale). La dette publique est augmentée tous les ans par les déficits publics, et diminuée par les remboursements. La dette publique en France est d'environ 1 200 milliards d'euros en 2008, et représente 63 % du PIB. Dans le cadre des accords de Maastricht, la dette publique des pays adoptant l'euro comme monnaie devait être limitée à 60 %.

Dévaluation

Dans le cadre d'un régime de changes fixes, modification brutale décidée par les autorités d'un pays de la valeur d'une monnaie.

Dévaluation compétitive

Action visant à améliorer la compétitivité des produits d'un pays ou d'une zone économique par la dévaluation de la monnaie sur le marché des changes. Le prix des produits exportés exprimés en monnaie étrangère diminue, permettant une hausse des ventes, et donc une relance de l'activité économique.

Développement économique
Ensemble des transformations qualitatives qui accompagnent une croissance durable (évolution des structures économiques, sociales, mentales).

Développement durable
Stratégie de développement social et économique destinée à concilier progrès économique et social sans mettre en péril l'équilibre naturel de la planète et la capacité des générations futures à répondre à leurs besoins. Formalisé au cours de la Conférence de Rio de 1992, le concept de développement durable insiste sur les principes de la biodiversité, de participation des populations et de précaution.

Dilemme du prisonnier
Illustration de la théorie des jeux qui montre que la recherche du seul intérêt personnel n'entraîne pas forcément une situation optimale pour l'ensemble des agents économiques. Une intervention régulatrice est alors nécessaire.

Division internationale du travail
Nature de la spécialisation de la production entre les différents pays du monde. Deux types de division internationale du travail se sont succédé : la première spécialisait les pays en voie de développement dans la production de produits agricoles et énergétiques et les pays riches dans la production de produits manufacturés, provoquant ainsi un échange inégal entre les deux catégories de pays. À partir des années 1980, une nouvelle division internationale du travail voit des pays dits émergents se spécialiser dans des productions fortement demandeuses de main-d'œuvre (par exemple, le textile), les pays développés se concentrant théoriquement vers des productions à plus haute valeur ajoutée.

Dotation en facteurs de production
Voir Modèle de Heckscher-Ohlin-Samuelson

Dumping
Au sens strict, il s'agit d'une vente réalisée à un prix inférieur au coût de production, mais l'expression est généralement utilisée

pour signifier que des entreprises vendent leurs produits sur des marchés étrangers à un prix inférieur à celui qu'elles pratiquent sur le marché national.

Dumping fiscal

Décision prise par les autorités d'un pays d'avoir des taux et des assiettes d'impositions inférieures à ceux d'autres pays, dans le but d'attirer à la fois les capitaux et les hommes.

Dumping social

Comportement favorisé par les autorités d'un pays afin de bénéficier d'un coût du travail inférieur à celui des autres pays, et cela dans le but de produire moins cher et donc d'être plus compétitif. Le dumping social passe par des salaires et des charges sociales très faibles.

Durée légale du travail

Durée de référence du travail salarié définie par les textes législatifs ou réglementaires. En France, cette durée reste définie de façon hebdomadaire (35 heures depuis l'année 2000) bien que de nombreuses possibilités de modulation ou de dépassement aient été autorisées dans le cadre des accords de branche ou des accords d'entreprise depuis cette date, notamment avec la loi votée au Parlement en juillet 2008.

Duopole

Situation où deux entreprises, appelées « duopoleurs », se partagent la totalité du marché en fabriquant des biens identiques. En cas de duopole, les conditions de concurrence pure et parfaite ne sont pas respectées, et les risques d'entente sur les prix sont forts.

E

Échange

Acte économique de cession avec contrepartie entre deux unités économiques. L'échange peut être non monétaire (le troc) ou monétaire (la marchandise est échangée contre de la monnaie, puis la monnaie est échangée contre une autre marchandise).

Économétrie

Ensemble d'outils mathématiques et statistiques appliqués aux domaines de l'économie. L'économétrie permet en particulier de modéliser des phénomènes économiques et d'essayer de faire des prévisions.

Économie

Le terme « économie » est composé de deux mots grecs (*oïkos*, la maison, et *nomos*, la loi). L'économie – qui concernait donc l'organisation de la maison – s'opposait donc à la politique, qui s'occupait de la vie de la cité. L'économie a élargi depuis son champ d'investigation ! Il s'agit désormais de l'étude de la façon dont « les ressources rares sont employées pour la satisfaction des besoins des hommes vivant en société » (d'après Edmond Malinvaud).

Économies d'échelle

Mécanisme qui permet d'amortir les coûts fixes sur un plus grand nombre d'unités produites, et donc de baisser le coût moyen.

Économie de l'offre

Théorie qui insiste sur la nécessité de développer les capacités de production des entreprises pour maîtriser l'inflation et favoriser le plein emploi. Les théoriciens de l'économie de l'offre sont favorables à la déréglementation des marchés et à la baisse de la fiscalité sur les entreprises.

Effet de Giffen

Phénomène paradoxal où la demande d'un bien diminue alors même que son prix baisse. Ce phénomène s'explique par un mécanisme de substitution : dans les catégories de population modestes, par exemple, l'augmentation du prix des denrées de première nécessité entraîne une baisse de la consommation des autres biens (habillement, etc.) même si le prix de ces derniers diminue.

Effet d'apprentissage

Se dit du développement avec le temps des compétences collectives d'une organisation qui rend cette dernière plus efficace.

Effet de levier

Mécanisme financier qui amplifie la rentabilité d'une entreprise grâce à son endettement. L'effet de levier fonctionne si le taux de profit de l'entreprise, résultant de son activité, est supérieur au taux d'intérêt des sommes empruntées (lequel taux dépend de la politique des banques centrales). Dans le cas contraire, l'effet de levier est négatif et diminue la rentabilité de l'entreprise.

Effet externe (ou Externalité)

Fait pour un agent de bénéficier d'un gain ou de supporter une perte en raison des activités de production et de consommation d'un autre agent, sans que cette interaction ne passe par le marché, c'est-à-dire par le mécanisme des prix. Ce concept s'est largement développé dans les années récentes pour rendre compte des nuisances entraînées par l'activité économique.

Effet externe négatif

Lorsqu'un individu par son activité affecte le bien-être d'un tiers de manière défavorable sans qu'il paye une compensation pour cet effet.

Effet externe positif

Lorsqu'un individu par son activité affecte le bien-être d'un tiers de manière favorable sans qu'il reçoive une compensation pour cet effet.

Effet multiplicateur

Phénomène d'entraînement qui, pour une variation initiale d'une variable, provoque une variation finale plus importante encore.

Efficacité

Capacité à atteindre un objectif fixé à l'avance.

Efficience

Capacité à atteindre un objectif en optimisant les ressources utilisées.

Élasticité

Mesure la variation relative d'une variable (en général la demande, mais ce peut être parfois l'offre) en réponse à une variation relative d'une grandeur qui l'influence (le prix ou le revenu). Lorsque l'élasticité est faible ou nulle, on parle d'inélasticité.

Emploi précaire

Emploi offrant peu de stabilité et/ou de durabilité, et qui engendre un sentiment d'incertitude sur l'avenir. Cette forme d'emploi s'est beaucoup développée ces dernières années avec la multiplication de contrats dérogatoires au droit commun du contrat à durée indéterminée (contrat à durée déterminée, intérim, emplois aidés, etc.).

Emploi salarié

Contrat passé entre un employeur et un employé, pour la réalisation d'un travail contre rémunération (salaire).

Employabilité

Capacité pour une personne à occuper un emploi et à fournir le travail attendu. L'employabilité dépend de divers facteurs plus ou moins déterminants en fonction de l'emploi : qualification, mobilité, esprit d'initiative, capacité d'intégration dans un groupe, autonomie.

Entente

Arrangement entre entreprises concurrentes, destiné à limiter ou à éliminer la concurrence s'exerçant entre elles, dans le but d'augmenter les prix et les bénéfices des entreprises participantes, sans produire d'avantages compensatoires objectifs.

Entreprise

Organisation qui produit des biens et des services pour le marché. L'entreprise, contrairement à d'autres organisations, répond à un besoin solvable. Elle a en face d'elle des clients.

Épargne

Part du revenu qui n'est pas consacrée à la consommation, au paiement des intérêts ou au règlement des impôts.

Épargne financière

Part de l'épargne des ménages conservée sous forme de liquidités ou investie en avoirs financiers.

Équilibre de Nash

Situation considérée comme stable où aucun agent – connaissant la stratégie de ses adversaires – n'a intérêt à modifier ses décisions. Il s'agit d'une solution à un problème récurrent de la théorie des jeux élaborée par l'économiste et mathématicien John Nash, prix « Nobel » 1994.

Équilibre général

Situation théorique formalisée par Léon Walras, et dans laquelle l'offre coïncide à la demande sur l'ensemble des marchés. V. Pareto considère l'équilibre général de Walras comme un optimum, c'est-à-dire un état dans lequel l'amélioration de la situation d'un agent ne peut se faire qu'au détriment de celle d'un autre agent. L'équilibre général correspond donc, dans cette conception, à la maximisation des satisfactions de tous les agents économiques.

État-gendarme

État qui remplit des fonctions minimales – appelées aussi fonctions régaliennes – comme la protection des libertés individuelles, la défense du territoire et de la sécurité nationale, le contrôle de la monnaie et le respect des règles économiques.

État-providence

État qui intervient pour corriger les inégalités créées par le marché dans la distribution des revenus. L'État-providence verse des prestations sociales et fournit les biens collectifs pour les catégories sociales les plus défavorisées.

Euro

Nom de la monnaie européenne créée en 1999 et en vigueur dans la zone euro depuis cette date.

Eurodollars

Appellation attribuée aux dollars possédés par des agents économiques non américains, ou américains mais non-résidents aux États-Unis.

EVA

Acronyme anglais qui signifie *Economic Value Added*. Il s'agit de la valeur créée pour l'actionnaire. C'est la différence entre le bénéfice obtenu et le taux de rémunération attendu des capitaux engagés (en général évalué à 15 %). Se dit « création de valeur d'un exercice » en français, ou dans un langage plus journalistique « création de valeur pour l'actionnaire ». Le taux de 15 % correspond à un doublement du capital investi sur cinq ans, ce qui constitue un objectif rarement atteint dans l'histoire du capitalisme.

Ex ante

Locution latine qui signifie « au préalable » et caractérise une décision, une situation ou une analyse réalisées avant des faits considérés.

Ex post

Locution latine qui signifie « d'après » et caractérise une décision, une situation ou une analyse réalisées après les faits considérés.

Exclusion

Privation des droits économiques (droit au travail) et sociaux (droit au logement, à la santé...) résultant bien souvent du processus de précarisation sur le marché du travail et d'une situation de pauvreté.

Expansion

Constitue la phase positive du cycle d'activité.

Exportation

Ventes à l'étranger de marchandises fabriquées par des entreprises nationales ou étrangères sur un territoire donné.

Externalité

Voir Effets externes.

F

FAB

Méthode d'enregistrement de la valeur des exportations au moment de leur passage à la frontière nationale, qui exclut les frais d'assurance de fret et de transport au-delà de la frontière.

Facteur de production

Désigne les éléments de base nécessaires à la production : travail, capital. Parfois, on y ajoute les ressources naturelles et les connaissances scientifiques et techniques.

Filiale (ou société filiale)

Entreprise qui appartient pour plus de la moitié à une autre société dite société-mère, cette dernière en définissant les orientations stratégiques, la gestion et le contrôle grâce à des administrateurs qu'elle a placés à sa tête. La filiale est distincte de la maison-mère sur le plan juridique, à la différence d'une succursale ou d'un bureau de représentation commerciale.

Finalité

Processus qui tend à adapter l'ensemble des moyens d'un organisme vivant ou d'une organisation à une fin ultime. Dans le sens commun, le profit constitue la finalité de l'entreprise, et la satisfaction des usagers la finalité des services publics.

Financement direct

On parle de financement direct (ou désintermédié) lorsque les agents à besoins de financement se procurent des capitaux par l'émission et la vente de titres (actions et obligations) destinés aux agents à capacité de financement. Ce mode de financement caractérise une économie de marchés financiers.

Financement indirect

Lorsque le financement est réalisé par les établissements de crédit, c'est une intermédiation bancaire, un financement indirect (intermédié). Les institutions financières collectent de l'épargne auprès de ceux qui ont des capacités afin d'accorder des prêts à ceux qui en ont besoin. Ce mode de financement caractérise une économie d'endettement.

Firme multinationale (FMN)

Entreprise qui produit et vend dans de nombreux pays. Une FMN se caractérise par une vision mondiale de son fonctionnement, arbitrant entre les différents marchés et espaces de production en fonction des opportunités économiques et commerciales.

Flexibilité

Ensemble des actions visant à l'adaptation rapide de la production à la demande. La flexibilité peut concerner le facteur capital (la modification des machines) ou le facteur travail. La recherche d'une plus grande flexibilité du travail est à l'origine des évolutions les plus récentes du droit du travail français, avec la mise en place de nouveaux types de contrat à côté du contrat à durée indéterminée (CDI).

Flux

Mouvement de circulation de biens et de services (flux réels) ou de monnaie (flux monétaires) entre deux agents.

Fonction de production

Désigne la formulation mathématique du résultat en fonction de divers facteurs de production. Les éléments qui entrent en compte dans la fonction de production sont principalement le facteur capital et le facteur travail selon la formule $Q = f(K, L)$, où Q est la production maximale, K le capital et L le travail mobilisé.

On ajoute aussi la productivité globale des facteurs (Pgf), c'est-à-dire le progrès technique.

Fondamentaux

Terme qui définit les principales caractéristiques économiques (inflation, solde du commerce extérieur, croissance, emploi, etc.) d'un pays.

Fonds communs de placement (FCP)

Structure financière faisant partie, avec les SICAV (sociétés d'investissement à capital variable), de la famille des OPCVM (organismes de placement collectif en valeurs mobilières). Un FCP se caractérise par une copropriété de valeurs mobilières divisées en parts.

Fonds de capital risque

Société d'investissement tournée essentiellement vers les entreprises nouvelles du secteur de l'information ou de l'Internet (start-up ou jeune pousse). Dans un fonds de capital risque, l'investisseur (appelé en anglais *capital risker*) apporte non seulement un capital, mais aussi son expérience et ses relations. Face à un risque élevé de mortalité de l'entreprise, il espère retirer de son investissement une rentabilité élevée.

Fonds de pension (ou fonds de retraite)

Outil d'épargne dans le cadre d'un système de retraite par capitalisation. Les souscriptions des membres du fonds de pension au cours de la vie active de ces derniers sont placées sur les marchés financiers (en actions, en obligations, en bons du trésor), et restituées sous forme de capital ou de rente au moment de la retraite.

Fonds éthiques

Société d'investissement privé qui sélectionne des placements dans des entreprises qui répondent à des critères éthiques : engagement pour le développement durable, respect de l'environnement, lutte contre la pauvreté et les discriminations.

Fonds monétaire international (FMI)

Institution financière créée en 1944 et chargée d'assurer la stabilité du système monétaire international. Le FMI fournit un appui financier aux pays en difficulté (lors des crises financières par exemple).

Fonds souverains (*sovereign wealth funds*) ou fonds d'État

Fonds de placement détenu par un État et qui gère les excédents financiers de ce dernier. Les fonds souverains des pays émergents (BRIC) ont été conduits à prendre des participations financières importantes dans des entreprises françaises ou nord-américaines.

Fonds spéculatif *(hedge found)*

Il s'agit de fonds d'investissement à haut risque permettant des gains importants pour des mises relativement limitées, mais avec des risques considérables. Les *hedge founds* sont donc réservés aux investisseurs avertis !

Fonds structurel européen

Part du budget communautaire destiné à réduire les inégalités entre les différents pays de l'Union européenne. Ces fonds ont largement contribué, dans le passé, au rattrapage économique de pays comme l'Espagne, le Portugal ou la Grèce et aident aujourd'hui à l'intégration des pays d'Europe centrale et orientale (PECO) qui entrent dans l'Union européenne.

Fordisme

Terme utilisé en référence à Henry Ford, célèbre constructeur américain d'automobiles, qui désigne une organisation du travail fondée sur les principes du taylorisme (parcellisation du travail et séparation des tâches de conception et de réalisation), à laquelle s'ajoute la production à la chaîne. D'une façon plus large, le fordisme désigne un régime de croissance fondée sur une hausse continue de la productivité du travail et des salaires, favorisant la consommation de masse.

Formation brute de capital fixe (FBCF)

Dans la comptabilité nationale française, terme qui désigne l'investissement brut d'une année (investissement de remplacement + investissement de développement) des producteurs résidents.

G

G8 (Groupe des huit)

Groupe informel de discussion des huit pays parmi les plus puissants économiquement du monde : les États-Unis, le Japon, l'Allemagne, le Royaume-Uni, la France, l'Italie, le Canada et la Russie qui représentent ensemble près des 2/3 de l'économie mondiale. D'abord G6 à sa création, en 1975, à l'initiative de la France, à Rambouillet, puis G7 avec l'entrée du Canada en 1976, le G7 s'est élargi à la Russie en 1998 pour devenir le G8. Cette année, étaient associés cinq pays émergents (G8 + 5) : Brésil, Inde, Mexique, Chine et Afrique du Sud.

Gains de productivité

Augmentation du rapport production/facteurs de production. Le volume de la production augmente donc plus vite que le volume des moyens mis en œuvre pour obtenir cette production. Cela signifie que l'entreprise crée plus de richesses grâce à une combinaison plus efficace des facteurs de production.

GATT

General Agreement on Tariffs and Trade, accord général sur les tarifs douaniers et le commerce signé en 1947 afin d'éviter les pratiques protectionnistes ; la dernière négociation du GATT en 1994 a abouti à la signature de l'accord créant l'OMC.

Globalisation

Souvent considérée comme un équivalent du terme « mondialisation », la globalisation constitue pour certains économistes une nouvelle étape dans l'interpénétration des économies. La globalisation entraînerait l'abolition de fait des frontières et des États-nations dans le fonctionnement des entreprises et des marchés.

Gouvernance

Le terme anglais *governance* signifie littéralement « autorité », « direction », « gouvernement ». La gouvernance concerne les modalités de direction d'un État ou d'une entreprise. Dans le domaine de la gestion, on désigne souvent par gouvernance l'ensemble des procédures qui permettent aux actionnaires de s'assurer que le fonctionnement de l'entreprise est conforme à leurs intérêts.

Grève

Action collective consistant à cesser le travail pour faire pression sur l'employeur.

Groupe d'appartenance

Tout ensemble de personnes dans lequel se reconnaît un individu et susceptible d'avoir une action sur son comportement et sa consommation.

H

Habitus

Concept sociologique introduit par Pierre Bourdieu pour désigner les dispositions générales (façons de faire, manières d'être, habitudes de consommation) résultant de l'intériorisation et de l'accumulation par les individus, au fil de leur histoire, de certaines normes sociales.

Hedge funds

Voir Fonds spéculatif.

Homo economicus

L'individu idéal de la théorie économique classique et néoclassique, qui adopte une attitude parfaitement rationnelle dans le cadre de ses choix économiques et recherche la maximisation de sa satisfaction.

I

Identité

Caractéristiques fondamentales, durables et distinctives d'un individu ou d'une organisation.

IFRS (*International Financial Reporting Standards*)

Normes comptables, élaborées par le bureau des standards comptables internationaux et destinées aux entreprises internationales afin d'harmoniser la présentation et la transparence de leurs états financiers. Ces normes sont obligatoires pour les sociétés des pays membres de l'Union européennes cotés en Bourse depuis le 1er janvier 2005. Elles privilégient en particulier la prise en compte des éléments du bilan à leur « juste valeur », c'est-à-dire à la valeur du marché au moment de l'établissement du bilan, et cela au détriment parfois du principe de prudence de la comptabilité française.

Importation

Achat par des agents économiques, français ou étrangers mais installés en France, de biens fabriqués à l'étranger.

Impôt

Prestation pécuniaire requise par voie d'autorité auprès des particuliers ou des entreprises, et cela à titre définitif et sans contrepartie, en vue de la couverture des dépenses publiques.

Impôt direct

Impôt payé directement par les contribuables à l'État, comme l'impôt sur le revenu (IR), ou encore l'impôt sur les sociétés (IS).

Impôt indirect

Impôt prélevé par un tiers et reversé à l'État, comme la taxe sur la valeur ajoutée (TVA) ou la taxe intérieure sur les produits pétroliers (TIPP).

Indicateur de développement humain (IDH)

Indicateur composite qui mesure le niveau de développement d'un pays en prenant en compte le niveau de vie, l'espérance de vie et le niveau d'éducation de la population. Les pays à fort développement humain ont un IDH supérieur à 0,8 et les pays à faible développement humain ont un IDH inférieur à 0,5. L'indicateur de développement humain a été proposé par l'économiste indien – Prix « Nobel » d'économie 1998 – Amartya Sen.

Indice de Gini

Indicateur synthétique d'inégalités de revenus. L'indice de Gini varie entre 0 et 1. Il est égal à 0 dans une situation d'égalité parfaite où tous les revenus seraient égaux, et égal à 1 dans le cas où une seule personne concentrerait l'ensemble des revenus. Entre 0 et 1, l'inégalité est d'autant plus forte que l'indice de Gini est élevé.

Indice des prix

L'indice des prix à la consommation (IPC) est l'instrument de mesure de l'inflation. Il permet d'estimer, entre deux périodes données, la variation moyenne des prix des produits consommés par les ménages. C'est une mesure synthétique de l'évolution de prix des produits, à qualité constante. En France, l'indice des prix – calculé par l'INSEE – sert à indexer l'évolution du SMIC, ainsi que de nombreux contrats privés.

Inégalité

Disparité de niveau de vie et de revenus salariaux entre les ménages. On peut distinguer les inégalités économiques (inégalité de patrimoine), sociales (inégalité devant le risque du chômage) et culturelles (inégalité devant la réussite scolaire).

Inflation

Hausse cumulative et durable de l'ensemble des prix.

Inflation perçue

Sentiment de hausse des prix ressentie et évaluée par les consommateurs.

Inflation mesurée

Hausse officielle des prix mesurée par un institut de statistiques économiques.

Innovation

Mise en œuvre concrète d'une idée ou d'une invention (résultant de la réflexion des hommes) dans un cadre industriel ou commercial. L'économiste Schumpeter distinguait les innovations continues (ou incrémentales) et les innovations de rupture. On distingue aussi les innovations de produits ou de procédés.

Interventionnisme

Politique publique fondée principalement sur des interventions directes de l'État dans l'économie par le jeu de la réglementation, de la fiscalité ou de la dépense publique.

Investissement

Désigne toute dépense ou acquisition dont la finalité consiste à augmenter ou améliorer de façon durable la capacité ou l'efficacité de production d'une entreprise (investissement productif) ou d'une administration (investissement collectif).

Investissement de portefeuille

Acquisition de titres financiers (actions, obligations).

Investissement direct à l'étranger (IDE)

Investissement d'une entreprise dans un pays étranger, soit par création d'une nouvelle entreprise, soit par acquisition d'une partie du capital d'une entreprise déjà installée dans le pays.

Investissement socialement responsable (ISR)

Investissement des entreprises qui répond à des critères éthiques : engagement pour le développement durable, respect de l'environnement, lutte contre la pauvreté et les discriminations.

INSEE

Institut national de la statistique et des études économiques. Organisme officiel chargé en France de l'élaboration d'un certain nombre d'indicateurs économiques et sociaux.

J

Jeune pousse (*start-up*)
Jeune entreprise innovante et dynamique, à croissance rapide, essentiellement dans le secteur des technologies de l'information et de la communication (TIC).

K

Kaizen

Méthode de management, d'origine japonaise, impliquant tous les acteurs de l'entreprise dans une recherche quotidienne d'efficacité et d'amélioration de la qualité. Le kaizen a donné naissance par exemple aux cercles de qualité.

Keynes, John Maynard (économiste anglais, 1883-1946)

J.M. Keynes conteste le caractère autorégulateur des marchés car, pour lui, il peut exister des situations de déséquilibre ou de sous-emploi, essentiellement liées à l'insuffisance de la demande. Ainsi, l'État doit intervenir pour rétablir les équilibres.

Auteur de *La théorie générale de l'emploi, de l'intérêt et de la monnaie* (1936).

Voir Multiplicateur keynésien, Nouvelle économie keynésienne, Keynésianisme, Keynésien.

Keynésianisme

Ensemble des prescriptions de politique économique qui s'inspirent des théories développées par J.M. Keynes. Le keynésianisme fait l'apologie de la dépense publique afin d'éviter les crises de surproduction et assurer une croissance régulière. Couplé au modèle fordiste de production, le keynésianisme serait à l'origine de la longue période sans crises de l'après-guerre que l'on a appelée les « Trente Glorieuses » (voir p. 92).

Keynésien

Qualificatif attribué aux économistes qui s'inspirent de la pensée de Keynes. Dominants au lendemain de la Seconde Guerre mondiale, les keynésiens ont dû ensuite faire face à la contestation des économistes libéraux (en particulier Milton Friedman).

Krach
Effondrement brutal des cours de Bourse.

L

Laisser-faire

Principe du libéralisme en économie qui implique la libre initiative des entrepreneurs, la libre fixation des prix et la libre circulation des marchandises, des hommes et des capitaux.

Leverage buy out (LBO)

Technique financière qui consiste à racheter une entreprise avec des emprunts bancaires en espérant bénéficier d'un effet de levier maximum. Un LBO s'accompagne en général d'une restructuration de l'entreprise, de la séparation de ses activités les moins lucratives et de la recherche de gains de productivité importants afin de dégager la rentabilité maximale qui permettra de rembourser les emprunts et de rémunérer les acquéreurs de l'entreprise. Le terme LBO peut être traduit par « prise de contrôle par emprunt ».

Libéralisation

Fait de réduire l'intervention publique dans l'économie en général ou dans un secteur d'activité en particulier (par exemple, la libéralisation du transport aérien), au bénéfice d'une concurrence entre plusieurs acteurs privés et d'une forte déréglementation.

Libéralisme économique

Désigne une théorie économique qui considère que les mécanismes du marché sont plus efficaces pour contribuer au développement de la société que l'intervention de l'État (c'est la « main invisible » selon A. Smith). Le libéralisme s'appuie sur trois principes majeurs : la propriété privée, la libre entreprise et la libre concurrence.

Libéralisme politique

On distingue parfois libéralisme économique et libéralisme politique. Le libéralisme politique est une philosophie politique qui met en avant les libertés individuelles et la participation démocratique aux diverses institutions politiques. Dans le domaine des mœurs, le libéralisme politique s'oppose au conservatisme par une plus grande tolérance.

Libre-échange

Doctrine économique défendue dès le XIXe siècle par l'économiste anglais Ricardo et qui préconise la libre circulation des biens et l'absence d'obstacles au commerce international.

Liquidité

Actif monétaire ou financier disponible immédiatement sans coûts de transaction.

Loi des débouchés

Principe formulé par Jean-Baptiste Say au début du XIXe siècle et qui affirme qu'il ne peut y avoir de crise de débouchés dans une économie de marché. En effet, les revenus distribués au cours de la production correspondent exactement aux ressources nécessaires pour acheter les biens produits. Dans cette théorie, la monnaie n'est qu'un intermédiaire qui facilite l'échange, mais ne l'affecte pas. Et il ne peut donc y avoir surproduction.

Loi d'Engel

Du nom d'un statisticien allemand, Ernst Engel (1821-1896). En analysant la répartition du budget des ménages, Engel a remarqué que la part de l'alimentaire diminue quand le revenu augmente, alors que la part des dépenses d'habillement reste relativement constante et que la part des dépenses de loisirs augmente.

Loi de l'offre et la demande

Mécanisme économique sans doute le plus connu au monde, formalisé par l'économiste Alfred Marshall. D'un côté une courbe de demande décroissante : plus le prix d'un bien augmente, plus la demande de ce bien baisse. De l'autre une courbe d'offre croissante : plus le prix d'un bien augmente, plus l'offre de ce bien augmente. Les deux courbes se coupent à un point d'équilibre : au prix correspondant, l'offre du produit est égale à la demande.

Loi d'Okun

Relation mise en évidence par les travaux de l'économiste américain Okun (1929-1979) entre le taux de croissance d'une économie et la variation du taux de chômage. Il faut un certain seuil de croissance économique pour que le taux de chômage commence à diminuer, ce seuil étant variable d'un pays à l'autre. Le but d'une politique économique peut donc être de rendre une croissance plus riche en emplois.

Loi des rendements décroissants

Mise en évidence par l'économiste Ricardo, cette loi postule le fait qu'à partir d'un certain niveau de production, le coût marginal – c'est-à-dire le coût de la dernière unité produite – augmente du fait de la surexploitation des différents facteurs de production. Ricardo prenait l'exemple de l'agriculture, où l'augmentation de la production entraînait à terme un renchérissement des denrées alimentaires. Cette loi est loin de se vérifier partout. En effet, les économies d'échelle et les effets d'apprentissage permettent de retarder l'apparition de rendements décroissants. De même, on démontre que dans certaines industries dites de réseaux (transports, télécommunication, énergie), les rendements sont croissants : plus on produit, plus le coût marginal est faible, sinon nul. Ce phénomène peut conduire à des situations de monopole et nécessite l'intervention de l'État.

Lucas, Robert (économiste américain, né en 1937)

Instigateur du renouveau de la pensée néoclassique et prix « Nobel » 1976 d'économie (voir p. 74). Il défend l'idée selon laquelle les individus sont non seulement rationnels, mais qu'ils anticipent parfaitement les effets des politiques économiques.

Voir Anticipations adaptatives, Anticipations rationnelles, Croissance endogène, Nouvelle économie classique, Politique économique, Rationalité.

M

Macroéconomie

Approche de l'économie qui cherche à appréhender les mécanismes fondamentaux de l'économie à partir d'éléments statistiques agrégés (l'investissement, la consommation, l'épargne, le PIB).

Main invisible

Selon l'économiste anglais Adam Smith (1723-1790), les actions des agents, indépendantes les unes des autres, concourent à un équilibre global grâce au mécanisme de marché, assimilé à une main invisible. L'intérêt général est donc atteint grâce à la poursuite égoïste de l'intérêt personnel.

Malthus, Thomas (économiste anglais, 1766-1834)

Thomas Malthus s'est illustré par sa vision pessimiste de l'économie. Pour lui, la croissance de la population – plus rapide que celle de la productivité des terres agricoles – entraîne inéluctablement famines et crises.

Voir Malthusianisme, Théorie classique.

Malthusianisme

Vision pessimiste de l'économie développée par l'économiste anglais Thomas Malthus (1766-1834) qui incite à la restriction des naissances.

Management

Ensemble des techniques et des pratiques de direction et de gestion au sein d'une organisation.

Marché

Lieu physique ou virtuel où se réalise l'échange économique. C'est sur le marché que les vendeurs et les acheteurs se rencontrent pour confronter les offres et demandes respectives d'un bien, d'un service ou d'une monnaie. On peut distinguer trois grands types de marchés : le marché des produits, le marché du travail et le marché des capitaux.

Marché commun

Union douanière à laquelle s'ajoute la libre circulation des biens, des services, des capitaux et des hommes. On peut donner comme exemple de marché commun le MERCOSUR, qui regroupe l'Argentine, le Brésil, le Paraguay et l'Uruguay.

Marché contestable

Dans la théorie économique contemporaine, désigne des marchés sur lesquels des producteurs nouveaux peuvent s'installer, et dont les producteurs actuels ont la possibilité de se désengager.

Marché des changes

Lieu de rencontre fictif ou réel entre des offreurs et des demandeurs des différentes monnaies (appelées devises). Dans le cadre de cette transaction, un prix d'équilibre s'établit, qui correspond au taux de change de chaque devise.

Marchés financiers

Lieu de rencontre fictif ou réel entre agents ayant des besoins de financement et agents disposant de capacités de financement. Le rôle essentiel des marchés financiers est de drainer l'épargne des ménages au profit des entreprises et de l'État. Ces derniers émettent des titres (actions, obligations, bons du Trésor) qui seront achetés par les agents à capacité de financement.

Marx, Karl (économiste, philosophe et sociologue allemand, 1818-1883)

Pour Marx, la société est divisée en classes sociales en fonction de la propriété des moyens de production, et la lutte des classes est le moteur principal de l'histoire. Il prône l'avènement du socialisme, puis du communisme.

Auteur du *Capital* (1867).

Masse monétaire

Quantité de monnaie en circulation dans une zone déterminée. La masse monétaire est mesurée par des agrégats monétaires calculés par la Banque centrale européenne (BCE) au sein de la zone euro. Les variations de la masse monétaire résultent principalement des opérations de crédit et de remboursement d'emprunts auprès du système bancaire.

Ménage

Un ménage, au sens démographique du terme, désigne l'ensemble des occupants d'un même logement sans que ces personnes soient nécessairement unies par des liens de parenté (en cas de cohabitation, par exemple). Un ménage peut être composé d'une seule personne. Au sens de la comptabilité nationale, un ménage est un individu ou un groupe d'individus dont la fonction principale est la consommation (ce qui n'exclut pas une activité parallèle d'autoproduction ou d'entrepreunariat).

Microéconomie

Approche de l'économie privilégiant les comportements individuels (et non de phénomènes généraux comme dans la macroéconomie) dans l'explication des mécanismes économiques.

Minima sociaux

Prestations d'assistance non contributives destinées aux personnes les plus défavorisées ou en grande difficulté (dont le revenu est inférieur à un montant déterminé par la loi) afin qu'elles puissent disposer d'un minimum de ressources. Exemples de minima sociaux : AAH (Allocation aux adultes handicapés), APA (Allocation personnalisée d'autonomie), minimum vieillesse, ASS (Allocation de solidarité spécifique), RSA (Revenu de solidarité active)...

Modèle économique

Traditionnellement, un modèle économique est un ensemble de relations mathématiques censées représenter le fonctionnement d'une économie dans un but d'analyse et de prévision. L'expression désigne aujourd'hui les modalités de création de valeur d'une entreprise dans le domaine des nouvelles technologies de l'information et de la communication, c'est-à-dire la façon dont elle peut gagner de l'argent, soit en facturant ses services à ses utilisateurs, soit en attirant de la publicité payante (cf. le modèle de Google).

Modèle de Heckscher-Ohlin-Samuelson

Modèle, connu sous le nom de HOS, qui explique la nature des échanges internationaux entre pays par les différences de dotations en facteurs de production. Ainsi un pays richement doté en main-d'œuvre exportera des produits fortement intensifs en travail, et importera des produits fortement intensifs en capital. Les faits n'ont pas forcément validé cette théorie : l'économiste Wassili Leontief a ainsi démontré que les États-Unis étaient plutôt exportateurs de biens intensifs en facteur travail, alors même que le facteur capital y est très abondant.

Mondialisation

Désigne la diffusion au niveau planétaire des échanges, qu'ils soient économiques, sociaux et culturels. Les activités des entreprises, poussées par la recherche de nouveaux marchés ou de meilleures conditions de production, constituent le premier vecteur de la mondialisation. Ce mouvement n'est cependant pas linéaire au cours du temps et peut connaître des à-coups en fonction d'événements politiques (conflits armés) ou économiques (renchérissement du prix du pétrole par exemple).

Monnaie

La monnaie est constituée par l'ensemble des moyens de paiement dont disposent les agents économiques pour régler leurs transactions. La monnaie revêt trois grandes fonctions : intermédiaire des échanges, instrument de mesure de la valeur et instrument de réserve.

Monnaie électronique

Ensemble des instruments de paiement informatisés (carte bancaire, porte-monnaie électronique, virement bancaire, lettre de change-relevé, etc.) qui permettent de faire fonctionner les comptes à vue (monnaie scripturale).

Monnaie fiduciaire

Forme de monnaie qui comprend les pièces de monnaie (monnaie divisionnaire) et les billets de banque.

Monnaie scripturale

Forme de monnaie constituée par les dépôts à vue (avoirs inscrits sur les comptes à vue) des agents dans les banques et les CCP. La monnaie scripturale ne doit pas être confondue avec les moyens de circulation de cette forme de monnaie (chèque ou carte bancaire par exemple).

Monopole

Marché qui correspond à la situation où un seul offreur dispose du contrôle total d'un secteur face à de nombreux demandeurs. L'entreprise en situation de monopole est en mesure – en l'absence d'intervention de l'État – de fixer son prix. Exemples de monopoles anciens ou actuels : la SNCF sur le transport ferroviaire, EDF sur l'électricité...

Monopole naturel

Se dit d'une activité dans laquelle l'importance des investissements conduit naturellement les entreprises dominantes à se constituer en monopole. C'est le cas en particulier dans les industries en réseaux (transport ferroviaire, production d'électricité, télécommunication). L'État doit donc intervenir pour éviter un abus de position dominante, soit en nationalisant cette activité, soit en l'encadrant fortement.

Monopsone

Marché sur lequel il y a un seul demandeur face à de nombreux offreurs (situation très rare). Exemple de monopsone : ALTADIS (ex-SEITA) pour tous les producteurs français de tabac.

Multiplicateur keynésien

Concept mis en évidence par Keynes qui montre qu'une augmentation des dépenses publiques peut entraîner une variation encore plus forte du revenu national. On parlera de même du multiplicateur d'investissement : un investissement (par exemple, la construction d'une route) va générer des revenus supplémentaires (les ouvriers qui ont construit la route vont toucher un salaire qu'ils dépenseront au moins en partie, ce qui, à son tour, va générer de nouveaux revenus, etc.).

N

NAIRU (*non acceleration inflation rate of unemployement*)

Niveau de chômage sans accélération de l'inflation. Concept issu des prescriptions de la courbe de Phillips, qui suppose qu'un taux de chômage trop faible favoriserait les tensions inflationnistes.

Nationalisation

Passage à l'État du contrôle direct d'une entreprise privée par l'expropriation de ses possesseurs privés. La dernière grande vague de nationalisations a eu lieu en France en 1981, après l'élection de François Mitterrand à la présidence de la République et l'arrivée de la gauche au pouvoir.

Négociateur de marché (*trader*)

Personne qui effectue pour le compte d'établissements financiers des opérations d'achat, de vente ou de couverture sur les marchés financiers. Le trader doit anticiper les variations des cours des valeurs afin de permettre à son employeur de dégager des plus-values. À rapprocher du terme *golden boys* des années 1980.

Nouvelle économie

Désigne l'organisation économique induite par la diffusion des technologies de l'information et de la communication (TIC) dans l'économie. La nouvelle économie se caractérise par des gains de productivité très élevés dans les activités traditionnelles et le développement de nouveaux services aux entreprises et aux particuliers.

Nouveaux pays industrialisés (NPI)

Dénomination utilisée dans les années 1980 pour désigner un certain nombre de pays en voie de développement connaissant une forte croissance, en particulier dans le domaine industriel. Ces pays – démunis pour la majorité de matières premières – ont fondé leur modèle de croissance, soit sur la promotion des exportations dans certains secteurs spécifiques nécessitant une main-d'œuvre bien formée, docile et peu onéreuse (c'est le cas de la Corée du Sud, de l'Inde ou de Taïwan), soit sur la substitution aux importations de produits industriels grâce à des barrières douanières (comme le Brésil et l'Argentine).

Nouvelle économie classique

Économistes contemporains qui, sous l'impulsion de Robert Lucas, Thomas Sargent et Robert Barro, combattent les thèses keynésiennes et prônent un retour aux théories dites classiques et parfois néoclassiques.

Nouvelle économie keynésienne

Économie qui s'inspire des travaux de Keynes, mais qui insiste davantage dans ses analyses sur la notion d'incertitude et sur le rôle de la monnaie (avec Joseph Stiglitz, George Akerlof et Paul Romer).

O

Obligation

Titre financier échangé sur les marchés financiers, une obligation est un droit de créance né à l'occasion d'un emprunt. Cette créance est rémunérée à une date déterminée par des intérêts à taux fixe (« les coupons »). Les obligations peuvent être émises par les entreprises ou par l'État et sont subordonnées à l'autorisation de l'Autorité des marchés financiers (AMF).

Oligopole

Marché caractérisé par la présence d'un petit nombre d'offreurs face à de nombreux demandeurs. Exemples d'oligopoles : marchés des lessives, des carburants automobiles, du transport aérien, des téléviseurs et magnétoscopes...

Optimum de Pareto

État d'équilibre économique considéré comme le plus favorable à l'ensemble des agents concernés. Toute modification de cet équilibre entraîne une situation plus défavorable pour au moins un des agents.

Organe de règlement des différends (ORD)

Véritable tribunal international chargé de régler les litiges commerciaux entre les États en cas de non-respect des principes de l'OMC.

Organisation

Groupe humain structuré et finalisé. On distingue trois grandes catégories d'organisation : les entreprises, les administrations publiques et les associations.

Organisation mondiale du commerce (OMC)

Institution internationale qui a succédé au GATT depuis le 1er janvier 1995 et qui vise à organiser et à libéraliser les échanges internationaux dans le cadre d'accords généraux entre pays. Les négociations qui se déroulent depuis 2008 sous l'égide de l'OMC concernent principalement l'ouverture des marchés agricoles des pays riches et des marchés industriels des pays émergents.

Organisme paritaire

Désigne tout organisme dont la gestion est assurée conjointement par deux parties : soit des représentants de syndicats de salariés et de syndicats d'employeurs, soit des représentants de l'État et de professionnels.

P

Paradis fiscal

Se dit d'un État ayant une fiscalité très faible, voire nulle, permettant ainsi à des non-résidents (personnes physiques ou morales) d'échapper à l'imposition de leur pays d'origine. Ces paradis fiscaux posent deux problèmes majeurs : d'abord, ils encouragent le blanchiment d'« argent sale » ; ensuite, ils créent des situations de concurrence fiscale déloyale avec les autres États. Monaco, le Lichtenstein, les îles Caïmans, les Bahamas (pour ne citer qu'eux) sont considérés comme des paradis fiscaux.

Parité de pouvoir d'achat (PPA)

La PPA exprime le rapport entre la quantité d'unités monétaires nécessaire dans des pays différents pour se procurer le même « panier » de biens et de services. S'il faut 1 500 euros en France pour acheter la même quantité de biens que 1 000 livres en Grande-Bretagne, on dira que la parité de pouvoir d'achat est de 1,5. Ce taux de conversion peut être différent du « taux de change » ; en effet, le taux de change d'une monnaie par rapport à une autre reflète leurs valeurs d'échange sur les marchés financiers internationaux et non leurs valeurs intrinsèques pour un consommateur.

Parties prenantes

Ensemble des acteurs concernés par le bon fonctionnement d'une entreprise (*stakeholers* en anglais). On distingue les parties prenantes internes – dirigeants et salariés – et les parties prenantes externes – actionnaires, État, fournisseurs, clients, ONG.

Passager clandestin

Se dit d'un individu qui cherche à recevoir un avantage sans avoir à payer une juste rétribution pour ce bien ou ce service ou à apporter une compensation en échange.

Patrimoine

Ensemble des avoirs économiques d'un agent économique, quelle qu'en soit la nature (monnaie, valeurs mobilières, immeubles, œuvres d'art, etc.), auquel il convient de retirer les dettes.

Pauvreté

État de manque de ressources matérielles essentielles – comme la nourriture, le logement, l'accès à la santé ou à l'éducation – qui prive l'individu de la capacité d'exercer ses droits fondamentaux.

Pays de l'Europe centrale et orientale (PECO)

Comprend l'ensemble des pays appartenant à l'ancien bloc socialiste à l'est de l'Europe.

Pays développés ou pays industrialisés

Pays riches, à l'indice de développement humain élevé (Amérique du Nord, Europe de l'Ouest, Japon, Australie).

Pays émergents

Pays en développement à fort potentiel de croissance, de plus en plus insérés dans l'économie mondiale (on cite en général la Chine, l'Inde ou le Brésil).

Pays en transition

Ce sont les pays qui effectuent le passage d'un système d'économie planifiée à un système d'économie de marché.

Pays en voie de développement (PVD)

Pays qui s'engagent dans un processus de développement mais n'ont pas atteint les critères de développement des pays riches.

Pays les moins avancés (PMA)

Pays les plus pauvres de la planète, qui ne parviennent pas à entrer dans un cycle de développement économique. L'indice de développement humain des PMA est en moyenne de 0,5, l'espérance de vie à la naissance de moins de 52 ans, le taux d'alphabétisation des adultes de 54 % et le revenu annuel moyen de 1 300 dollars (en PPA).

***Per earning ratio* (PER)**

Rapport entre la capitalisation estimée d'une entreprise et le bénéfice dégagé au cours d'une année. Une entreprise qui distribue pour une action de 100 euros un bénéfice de 5 atteint donc un PER de 20. Parfois le PER est interprété comme le nombre d'années de bénéfices cumulés nécessaires pour atteindre le montant de la valeur du titre. Dans notre exemple, cela sera 20 ans. En français, l'acronyme PER peut être traduit par l'expression « coefficient de capitalisation des résultats ».

Performance

Résultat chiffré obtenu dans le cadre d'une compétition. Pour l'entreprise, on distingue la performance à court terme et la performance à long terme, la performance économique et la performance globale (économique, sociale et environnementale).

Pétrodollars

Dollars qui résultent de la vente de pétrole libellée en dollars et placés par les pays producteurs sur les principales places financières mondiales.

Plan d'affaires (*business plan*)

Ensemble des documents présentés à des interlocuteurs susceptibles de financer la création d'une entreprise.

Planification

Elle vise à coordonner les interventions de l'État dans l'économie afin de favoriser la croissance et le développement. Dans les économies de marché, la planification – quand elle existe – a un caractère indicatif.

Plein emploi

Situation de demande de travail très élevée, où le chômage – quand il existe – correspond simplement au temps de recherche entre deux emplois.

Plus-value

Augmentation de la valeur d'un bien meuble ou d'un bien immeuble entre le moment de son achat et celui de sa vente. Pour Marx, la plus-value (ou « survaleur ») est la valeur ajoutée par le salarié à la simple rémunération de son travail, valeur qui est confisquée par le capitaliste pour être à l'origine du profit.

PME-PMI (petite et moyenne entreprise – petite et moyenne industrie)

Pour l'Union européenne, une PME-PMI est une entreprise de moins de 250 personnes dont le chiffre d'affaires est inférieur à 50 millions d'euros ou dont le total du bilan annuel est inférieur à 43 millions d'euros. En France, on distingue la TPE – très petite entreprise – dont les effectifs vont de 0 à 9 salariés, et la petite entreprise dont les effectifs vont de 10 à 49 salariés et dont le chiffre d'affaires ou le total du bilan annuel n'excède pas 10 millions.

Politique agricole commune (PAC)

Politique européenne mise en place en 1962 et instituant un marché commun agricole, garantissant un revenu minimum aux agriculteurs et permettant de subventionner les exportations agricoles vers les pays tiers.

Politique contra-cyclique

Politique économique menée par les pouvoirs publics visant à atténuer, voire à annuler, les fluctuations économiques, grâce aux moyens économiques à leur disposition : politique budgétaire, voire, lorsqu'elle n'est pas indépendante du pouvoir politique (ce qui est de plus en plus rare), politique monétaire.

Politique économique

Ensemble des moyens utilisés par l'État pour intervenir sur le niveau de l'activité économique d'un pays. La politique économique s'appuie principalement sur trois leviers : la politique budgétaire, la politique monétaire, la politique du change. La politique économique vise essentiellement un objectif à court terme (réduire le chômage, le déficit extérieur ou l'inflation), contrairement aux politiques structurelles.

Politique industrielle

Ensemble des interventions publiques ayant pour objet de développer certaines branches d'activité, ou d'inciter à la constitution d'entreprises de grande taille, grâce à des fusions ou des mariages d'entreprises. La politique industrielle peut prendre la forme de simples incitations, ou peut aller jusqu'à des nationalisations (transfert à l'État de la propriété de certaines entreprises).

Politique pro-cyclique

Politique économique dont les effets amplifient le mouvement naturel de l'économie (une hausse des impôts agrave la récession, par exemple).

Politique structurelle

Politique cherchant à modifier durablement les structures de l'économie (par exemple la répartition des revenus, le type d'activités productives, le fonctionnement du marché du travail, l'aménagement du territoire, etc.).

Population active

Ensemble des personnes ayant un travail ou recherchant activement du travail.

Pouvoir d'achat

Capacité d'achat de biens et services offerte par un revenu. Pour les ménages, il s'agit donc de leur capacité d'achat rendue possible par l'intégralité de leurs revenus (du revenu et du capital). Il est donc fonction de la somme générée par les revenus et du prix des biens et services et du niveau général des prix.

Précarité

Situation sociale d'une personne dont les revenus à venir sont marqués par une forte incertitude. Cet aspect imprévisible peut conduire à la pauvreté ou l'exclusion.

Prélèvements obligatoires

Ensemble des impôts, taxes et cotisations sociales versés par les agents économiques aux administrations publiques (État, collectivités locales, Sécurité sociale et Assedic).

Prêt hypothécaire à haut risque (*subprimes*)

Crédit immobilier offert à un emprunteur qui n'offre pas les garanties suffisantes pour bénéficier du taux d'intérêt le plus avantageux (*prime rate*). Dans ce cadre, la garantie est offerte par le bien acheté lui-même, qui peut être saisi et vendu en cas d'incidents de paiement. La multiplication des incidents de paiement peut entraîner une chute du marché immobilier et la faillite des organismes de prêt, incapables de recouvrir leurs créances.

Principe de précaution

Le principe de précaution, entériné par la convention de Rio en 1992, vise à interdire les technologies ou les applications scientifiques qui risqueraient de compromettre gravement l'avenir de la planète. Le principe de précaution concerne des risques probables, non encore confirmés scientifiquement, mais dont la possibilité peut être identifiée compte tenu des connaissances actuelles (par exemple le développement des organismes génétiquement modifiés), contrairement à la prévention qui vise des risques avérés (le risque nucléaire ou l'utilisation de l'amiante par exemple).

Principe du pollueur-payeur

Principe selon lequel le pollueur est taxé afin d'indemniser les victimes de la pollution ou de procéder à la dépollution.

Privatisation

Vente par l'État au secteur privé de tout ou partie du capital d'une entreprise publique. Cette dénationalisation peut prendre la forme d'une offre publique de vente ou d'une cession de gré à gré.

Prix

Résultat de la rencontre de l'offre et de la demande sur un marché. Le prix est l'expression monétaire de la valeur d'un bien et un indicateur de sa rareté. Il constitue ainsi un indicateur qui permet aux agents économiques d'effectuer une allocation efficace des ressources. L'augmentation du prix du pétrole nous signale que c'est une source d'énergie non reproductible en voie d'épuisement, et qu'à ce titre, il est bon de l'économiser.

Prix « Nobel » d'économie

Alfred Nobel n'avait pas prévu de prix pour les économistes. Ce prix a été créé postérieurement par la banque de Suède et son titre exact est donc : « Prix de la Banque de Suède en sciences économiques en mémoire d'Alfred Nobel. » Il est malgré tout géré par la Fondation Nobel et il a été attribué pour la première fois en 1969 à deux macroéconomistes, un Norvégien (Ragnar Frisch) et un Hollandais (Jan Tinbergen). On remarque un nombre important de lauréats originaires des États-Unis. Un seul Français a été lauréat, il s'agit de Maurice Allais, en 1988 (Gérard Debreu, bien que d'origine française, a acquis la nationalité américaine).

Production marchande

Production vendue sur le marché à un prix en général supérieur au coût de production afin de dégager un bénéfice pour le producteur.

Production non marchande

Production mise à disposition des agents économiques de façon gratuite ou à un prix largement inférieur à son coût de production. La production non marchande comprend pour l'essentiel les services fournis par les administrations publiques et privées à la collectivité. La production non marchande est évaluée dans le PIB au coût des facteurs (rémunération des agents, consommations intermédiaires et amortissement du capital).

Productivité

Rapport entre la production obtenue et un ou plusieurs facteurs de production. On distingue en général la productivité du travail (production/facteur travail utilisé) et la productivité du capital (production/facteur capital utilisé).

Productivité globale des facteurs (PGF)

Rapport entre la production obtenue et l'ensemble des facteurs utilisés pour réaliser cette production. Le calcul de la PGF pose le problème de l'agrégation de facteurs de nature différente (travail et capital par exemple).

Productivité marginale du travail

Augmentation du volume de production tirée d'un stock de capital donné à la suite de l'emploi d'un salarié supplémentaire.

Produit intérieur brut (PIB)

Mesure la production totale d'un pays au cours d'une période donnée. Le PIB est obtenu en agrégeant l'ensemble des valeurs ajoutées des unités marchandes, auquel on ajoute la production non marchande des administrations publiques et privées, évaluée au coût des facteurs.

Produit intérieur brut par habitant (PIB/habitant)

Mesure la richesse par habitant d'un pays. Critère de richesse d'une nation, le PIB ne constitue cependant qu'une moyenne, qui ne tient pas compte des écarts de revenus à l'intérieur du pays.

Produit national brut (PNB)

Pour effectuer des comparaisons internationales, on utilise aussi le PNB, le produit national brut, qui mesure la production sur un critère de nationalité. À la production réalisée à l'intérieur du pays, on ajoute les revenus tirés des activités économiques réalisées à l'extérieur du territoire par les agents nationaux, puis on retire les revenus des étrangers travaillant dans le pays et transférés dans leur pays d'origine.

Profit

Différence entre les charges et les produits réalisés par une entreprise au cours d'un exercice. Le profit permet de rémunérer les propriétaires de l'entreprise.

Progrès technique

Incorporation dans les différents facteurs de production (capital ou travail) des résultats des innovations techniques. Le progrès technique se traduit soit par l'augmentation de la productivité de ces facteurs, soit par l'amélioration des performances des produits, voire par la mise sur le marché de nouveaux produits.

Protection sociale

Système qui vise à prévenir les variations de revenus liées à différents risques – maladie, vieillesse, chômage, famille. Les premiers éléments de la protection sociale ont été développés par Bismarck en 1880 en Allemagne. Mais le système a été véritablement formalisé par l'Anglais William Beveridge en 1942 dans un rapport célèbre, et il trouvera sa généralisation dès 1945 dans de nombreux pays européens. La protection sociale peut être, soit gérée directement par l'État et financée alors par l'impôt (modèle « beveridgien »), soit gérée par des institutions paritaires et financée par des cotisations, en général proportionnelles aux revenus (modèle « bismarckien »).

Protectionnisme

Doctrine économique et politique consistant à protéger l'économie nationale de la concurrence internationale par la mise en place de barrières tarifaires et non tarifaires. Les mesures tarifaires sont essentiellement constituées par les droits de douane. Les mesures non tarifaires par les contingentements de produits étrangers, les normes et réglementations, les subventions aux productions nationales.

R

Rareté

Caractéristique d'un bien disponible en quantité limitée, valorisé par un système de prix et qui peut faire l'objet d'une transaction sur le marché.

Rationalité

Chez les néoclassiques, la rationalité caractérise le comportement des agents qui cherchent à optimiser leur bien-être. C'est d'ailleurs en agissant ainsi que les agents concourent à l'intérêt général. Dans le cadre de la théorie de la décision, il s'agit de la cohérence de la démarche intellectuelle qui permet à un individu de prendre une décision : identification du problème, recherche des différentes solutions, choix de la meilleure décision.

Rationalité limitée ou procédurale

Il s'agit de l'alternative au modèle classique de la décision, alternative formulée par Herbert Simon, prix « Nobel » 1978. Pour Simon, la rationalité de la décision est limitée. En effet, le décideur ne peut traiter la totalité de l'information disponible et nécessaire à la prise de décision, et il n'a pas une vision claire et hiérarchisée de ses préférences. La décision qu'il est donc conduit à prendre n'est pas la meilleure solution, mais plutôt la première solution satisfaisante.

Récession

Diminution sur deux trimestres consécutifs du PIB. Il ne s'agit donc pas d'un simple ralentissement de la croissance mais bien d'une baisse de la croissance.

Reconfiguration (*re-engineering* en anglais)

Remise en cause radicale des structures économiques de l'entreprise afin d'améliorer ses performances

Redistribution des revenus

Intervention de l'État consistant à réaffecter les ressources des administrations publiques (prélèvements obligatoires) sous forme de prestations sociales. L'ensemble de ces opérations vise à modifier la répartition primaire des revenus en vue d'assurer une plus grande justice sociale ou de garantir un minimum de revenus. On distingue la redistribution horizontale, correspondant à un mécanisme assurantiel financé par cotisations sociales (entre actifs employés et chômeurs, salariés et retraités), et une redistribution verticale, qui vise à réduire les inégalités et à lutter contre l'exclusion, financée de préférence par le recours à l'impôt (c'est le cas du RSA par exemple).

Référenciation (*benchmarking* en anglais)

Procédure d'évaluation et de comparaison par rapport à un modèle reconnu, inscrite dans une recherche d'amélioration des processus et des résultats.

Régime de Sécurité sociale

Structure de la protection sociale, organisée en quatre branches (maladie, vieillesse, famille, accidents du travail). À côté du régime général – qui assure la protection sociale pour ces quatre branches des salariés du commerce et de l'industrie – existent d'autres régimes pour des professions particulières : le régime agricole pour les salariés et exploitants agricoles, les régimes spéciaux pour les mineurs et les marins, le régime des fonctionnaires, le régime des étudiants…

Régionalisation

Désigne le phénomène de multiplication d'accords favorisant le libre-échange entre des pays d'une même zone géographique. L'Union européenne est l'exemple le plus abouti d'organisation régionale.

Réglementation

En économie, l'ensemble des codes régissant le fonctionnement d'un marché (par exemple, la rémunération majorée des heures supplémentaires appartient à la réglementation du marché du travail).

Régulation

Ensemble des mécanismes et institutions qui organisent les relations économiques entre les différents agents (voir Théorie de la régulation) et favorisent un régime stable de croissance.

Rentabilité

Il s'agit du rapport entre le résultat obtenu et le montant des capitaux engagés pour obtenir ce résultat.

Rente

Revenu attaché à un droit de propriété matériel (terre agricole, immeuble) ou intellectuel (brevet, droit d'auteur).

Répartition des revenus

Partage du revenu national entre les différents agents. On distingue la répartition primaire entre les agents qui participent au processus de production (salariés, actionnaires, prêteurs), et la répartition secondaire qui est le résultat des transferts sociaux organisés par les administrations publiques (impôts et cotisations d'une part, prestations sociales de l'autre).

Responsabilité sociétale des entreprises (RSE)

Il s'agit de la prise de conscience par certaines entreprises de la nécessité de s'engager dans des domaines sociétaux : lutte contre la pauvreté, la corruption et les discriminations ; respect de l'environnement ; effort pour le développement durable. La notion de responsabilité sociétale tend à se substituer à la notion de responsabilité sociale, qui avait le défaut de se limiter aux parties prenantes internes de l'entreprise.

Resserrement de crédit

Situation dans laquelle se retrouve le secteur bancaire lorsqu'une crise de liquidité majeure entraîne une réduction marquée du crédit offert par les banques aux différents agents économiques (consommateurs, entreprises mais aussi banques entre elles), et cela indépendamment de toute politique d'encadrement du crédit. À défaut de l'intervention d'un organisme régulateur, ce rationnement du crédit peut provoquer un effondrement de l'ensemble de l'économie. En anglais *credit crunch*.

Restructuration avec licenciement (*downsizing*)

Sans commentaire... Admirons simplement les qualités de synthèse de la langue anglaise !

Retour sur investissement (*return on equity*)

Nombre d'années au bout desquelles les profits réalisés permettent de rentabiliser un investissement. Aujourd'hui, le retour sur investissement exigé par la plupart des investisseurs est au maximum de cinq ans, ce qui correspond à un taux de rentabilité de 15 %.

Revenu

Ressource perçue par un agent économique.

Revenu disponible

Part du revenu qui reste à la disposition des ménages après paiement des impôts, des taxes et des cotisations sociales (prélèvements obligatoires) d'une part, et perception des prestations sociales d'autre part. C'est le revenu disponible pour la consommation ou l'épargne.

Revenu minimum d'insertion (RMI)

Allocation créée en 1988 et versée sous conditions aux adultes de 25 ans ou plus dont le revenu global (y compris les autres prestations sociales) est inférieur à un certain seuil (de l'ordre de 400 euros pour un adulte seul). Le RMI sera remplacé à partir de 2009 par le RSA (Revenu de solidarité active).

Revenus primaires

Également appelés revenus directs des ménages, ils proviennent de la répartition de la valeur ajoutée entre les différents agents économiques. Parmi les revenus primaires, on distingue les revenus du travail et les revenus de la propriété. Pour les entrepreneurs individuels, on parle de revenus mixtes car il est impossible de distinguer ce qui relève de leur travail effectif et ce qui relève de la propriété de l'entreprise.

Revenu de solidarité active (RSA)

Le nouveau « revenu de solidarité active » (RSA) est un complément de revenu qui permet aux bénéficiaires de minima sociaux (RMI et Allocation parents isolés) qui reprennent un travail d'avoir un gain réel. Le RSA vise à lutter « contre les trappes à inactivité ».

Revenus de transfert

Revenus perçus par les ménages sous forme de prestations sociales versées par l'État ou les organismes de Sécurité sociale. Exemples de revenus de transfert : couverture médicale universelle (CMU), revenu minimum d'insertion (RMI), allocations familiales. Et demain le revenu de solidarité active (RSA)...

Ricardo, David (économiste anglais, 1772-1823)

Disciple d'Adam Smith, on lui doit en particulier la théorie des avantages comparatifs.

Voir Avantage comparatif, Libre-échange, Loi des rendements décroissants, Théorie classique.

Richesse

Ensemble des produits issus de l'activité économique d'une collectivité nationale.

Risque de change

Risque de perte des entreprises qui commercent avec l'étranger, lié aux fluctuations des taux de change. En effet, entre le moment de la vente et le moment du règlement monétaire, il peut y avoir une baisse du cours de la monnaie de facturation, ce qui avantagera l'acheteur et désavantagera le vendeur. La hausse du cours de la monnaie de facturation aura l'effet inverse.

S

Salaire

Rémunération des heures de travail effectuées dans le cadre d'un contrat de travail.

Salaire brut

Il est composé du salaire de base auquel peuvent s'ajouter les heures supplémentaires, les primes (exemples : prime d'ancienneté, prime de rendement, prime de risque) et les avantages en nature (exemples : voiture ou logement de fonction, chèque restaurant).

Salaire d'efficience

Niveau de salaire qui crée une incitation à travailler. Pour Carl Shapiro et Joseph Stiglitz (prix « Nobel » 2001), les entreprises fixeraient un salaire d'efficience légèrement supérieur au salaire qui résulterait du simple mécanisme de l'offre et de la demande sur le marché afin de conserver leurs salariés. Ainsi s'expliquerait une part du chômage actuel.

Salaire net

Il représente le salaire brut déduit des cotisations sociales salariales versées au titre de la Sécurité sociale (URSSAF) et du chômage (ASSEDIC). C'est le salaire effectivement reçu par le salarié.

Salaire réel

Pouvoir d'achat du salaire nominal. L'évolution du salaire réel est calculée en défalquant de la hausse du salaire nominal la hausse des prix.

Schumpeter, Joseph Aloïs (économiste autrichien exilé aux États-Unis, 1883-1950)

Il a mis en avant la contribution de l'entrepreneur individuel au dynamisme du capitalisme, ainsi que le rôle du progrès technique et de l'innovation.

Voir Progrès technique, Innovation.

Secteur

Depuis Colin Clark, les entreprises sont classées généralement en trois grands secteurs économiques qui sont le secteur primaire (agriculture et pêche), le secteur secondaire (industrie) et le secteur tertiaire (services). On parle également du secteur quaternaire (recherche liée à la haute technologie et aux métiers de l'informatique). Dans le cadre de la comptabilité nationale, le secteur d'activité est constitué par l'ensemble des entreprises ayant la même activité principale.

Secteur public

Désigne l'ensemble des activités marchandes réalisées sous le contrôle total ou partiel de l'État. Il s'oppose au secteur privé.

Securities and exchange commission (SEC)

Équivalent américain de l'AMF française, c'est l'organisme indépendant chargé de la surveillance, de la régulation, du contrôle de la Bourse. C'est aussi l'organisme chargé de sanctionner – parfois lourdement – les entreprises convaincues de fraude.

Sen, Amartya (économiste indien, né en 1933)

Prix « Nobel » d'économie 1998. Amartya Sen s'est attaché à la recherche de nouveaux indicateurs pour mesurer le bien-être d'une population.

Voir Capabilité, Indicateur de développement humain (IDH).

SMIC

Abréviation de Salaire minimum interprofessionnel de croissance. Salaire horaire en dessous duquel aucune rémunération salariale ne peut tomber. Le niveau du SMIC est fixé par le gouvernement.

Smith, Adam (philosophe et économiste écossais, 1723-1790)

Fondateur de l'école classique, Adam Smith se fait l'avocat du marché – qu'il assimile à une « main invisible ».

Voir Avantage absolu, Main invisible et Théorie classique.

Auteur de *Recherche sur la nature et les causes de la richesse des nations* (1776).

Solow, Robert (économiste américain, né en 1924)

Prix « Nobel » d'économie 1987. Il a formalisé un modèle de croissance qui donne un rôle fondamental au progrès technique.

Voir Progrès technique.

Spéculation

Comportement d'agents économiques qui cherchent à gagner de l'argent en jouant sur les variations des prix sur différents marchés (matières premières, immobilier, actions ou obligations). Le caractère suiviste (ou moutonnier) de ce type de comportement entraîne le développement de bulles spéculatives (augmentation disproportionnée de certaines valeurs) jusqu'à un effondrement des prix.

Sphère financière

Partie de l'activité économique qui touche aux activités de financement de l'économie, que l'on oppose souvent à la sphère réelle. Des crises peuvent prendre naissance dans la sphère financière, avant de se propager à la sphère réelle et d'en affecter le taux de croissance.

Sphère réelle

Partie de l'économie qui correspond aux activités de production, de distribution et d'emploi des richesses.

Stratégie

Ensemble des décisions prises pour atteindre les objectifs à long terme d'une organisation.

Substitution du capital au travail
Remplacement du travail humain par des machines. L'utilisation du capital par rapport au travail augmente l'intensité capitalistique dans la production des entreprises.

Subprimes
Voir Prêt hypothécaire à haut risque.

Subvention
Somme versée par la puissance publique ou des tiers à une unité économique ou à un groupement d'unités (région, branche, secteur...) dans un but social ou économique. On dit aussi aide ou prêt non remboursable.

Syndicat
Groupement professionnel ayant pour objet la défense des intérêts matériels de ses membres.

Système
Ensemble d'éléments en interaction, structurés et finalisés. La notion de système est empruntée à la biologie et à la mécanique pour décrire certaines organisations économiques en relation avec leur environnement.

Système monétaire international (SMI)
Organisation des relations monétaires entre les pays ou zones monétaires. Un SMI se caractérise par les modalités de détermination des taux de change (fixes ou flexibles) et par la nature des organismes internationaux chargés du respect des règles et du financement des échanges. Le capitalisme a connu successivement un système d'étalon-or, un système de taux de change fixe avec étalon-dollar et enfin un système de taux de change flexible.

T

Taux d'activité

Rapport entre la population active et la population totale.

Taux de change

Prix auquel s'échangent deux monnaies.

Taux de chômage

Part des chômeurs dans la population active. Ce taux donne lieu à polémique car il dépend des critères retenus pour le calcul du nombre de chômeurs. Ces derniers peuvent être plus ou moins restrictifs et modifier de façon importante le taux de chômage. D'après le BIT, on considère qu'une personne au chômage est une personne en recherche active de travail, immédiatement disponible et qui n'a pas travaillé, ne serait-ce qu'une heure au cours de la semaine de référence.

Taux directeur

Taux de refinancement des banques auprès de la banque centrale. Ce taux – déterminé par la banque centrale – devient le taux de référence des banques, à partir duquel elles fixent à leur tour les taux d'intérêt consentis à leurs clients.

Taux d'intérêt

Pourcentage appliqué au montant d'une somme empruntée, et que l'emprunteur verse au prêteur pour la rémunération de son prêt. Il faut distinguer dans la charge d'un emprunt ce qui relève du remboursement du capital de l'emprunt et ce qui relève du paiement des intérêts.

Taux de prélèvements obligatoires

Rapport entre les prélèvements obligatoires et le produit intérieur brut. Ce taux sert d'indicateur du degré d'intervention de l'État mais il est à manipuler avec précaution. En effet, il dépend en particulier du mode de financement de la protection sociale, variable d'un pays à l'autre.

Taux d'ouverture

Rapport entre la moyenne des importations et les exportations d'une part, et le PIB d'autre part.

Taxation

Action conduite par la puissance publique afin de prélever des ressources (en général monétaires) sur les agents économiques de façon obligatoire et sans contrepartie directe.

Taxe Tobin

Suggérée en 1972 par le lauréat du prix « Nobel » d'économie 1981 James Tobin, cette mesure consiste en une taxation des transactions monétaires internationales afin de décourager la spéculation. Le taux choisi serait faible, de 0,05 % à 1 %. La taxe Tobin, malgré l'intérêt qu'elle suscite dans les milieux altermondialistes et chez certains dirigeants de la planète (Jacques Chirac, par exemple), n'a jamais connu un début d'application.

Taylorisme

Organisation du travail – dite scientifique (OST) par ses émules – fondée sur la parcellisation des tâches d'une part et la séparation entre les tâches d'exécution et de conception d'autre part. L'ambition de son inventeur (F.W. Taylor) était de contrôler le plus étroitement possible le travail ouvrier. Le corollaire du taylorisme est le salaire au rendement.

Termes de l'échange

Rapport pour un pays ou une zone économique entre la valeur des biens exportés et la valeur des biens importés. La dégradation des termes de l'échange entre produits de base et produits industriels a été longtemps une des causes du sous-développement du tiers-monde.

Tertiarisation de l'économie

Phénomène en cours dans les économies des pays développés, qui voit le développement de l'emploi dans le secteur des services au détriment de l'emploi dans le secteur secondaire (industrie, bâtiment). La tertiarisation de l'économie est due en particulier à l'évolution de la demande, aux gains de productivité dans l'industrie et à la nouvelle division internationale du travail.

Théorie classique

École de pensée qui rassemble au XIXe siècle des économistes (A. Smith, D. Ricardo, J. S. Mill, T. R. Malthus, J.-B. Say) pour lesquels le marché joue un rôle fondamental et bénéfique (c'est la « main invisible »). Les économistes classiques sont donc favorables au laisser-faire dans le domaine de la politique économique, et au libre-échange dans le domaine du commerce international.

Théorie de l'agence

On parle de relation d'agence quand une personne ou une organisation (appelée le principal) confie ses intérêts à un tiers (appelé l'agent). Un contrat implicite ou explicite se noue entre les deux parties, avec cependant un risque de déséquilibre entre elles car l'agent peut détenir par sa position des informations dont le principal n'a pas connaissance (c'est le principe d'asymétrie d'information). Dans le cadre des relations entre les actionnaires et les dirigeants des sociétés, la théorie de l'agence – développée par Jensen et Meckling en 1976 – prône la distribution de stock-options afin que les dirigeants soient intéressés à la création de valeur pour l'actionnaire.

Théorie de la régulation

Courant de pensée apparu en France, dans les années 1970, qui donne un rôle essentiel aux modes de régulation pour expliquer l'évolution historique du capitalisme. La crise actuelle serait due à la crise du mode de régulation fordiste (qui lie l'évolution des salaires et les gains de productivité à travers des négociations par branche) et la difficile mise en place d'un nouveau mode de régulation mondialisé. Les principaux tenants de cette école sont M. Aglietta, A. Lipietz, J. Mistral et R. Boyer.

Théorie des choix publics (*public choice*)

Théorie apparue dans les années 1960 à l'initiative de J. Buchanan et G. Tullock, qui entend appliquer les principes néoclassiques de satisfaction et de rationalité aux modes de prises de décision politiques (importance de la réélection pour un politique pour expliquer telle ou telle décision qu'il aura prise) ou au fonctionnement des administrations.

Théorie des jeux

Étude des interactions entre individus qui ont conscience que leurs actes peuvent avoir une influence sur les décisions prises par leurs partenaires.

Théorie du revenu permanent

Théorie proposée par Milton Friedman. Pour lui, la consommation d'un ménage ne dépend pas de son revenu à un moment « t », mais de la somme de ses revenus actualisés, y compris ceux qu'il s'attend à recevoir dans le futur. Ainsi, pour Friedman, une augmentation ponctuelle du revenu des ménages n'a pas d'effet sur la consommation, et donc sur le niveau de l'activité économique.

Théorie évolutionniste

Courant de pensée fondé en 1982 par R. Nelson et S. Winter qui assimile le fonctionnement des entreprises à celui des êtres vivants. La théorie évolutionniste insiste sur les compétences accumulées par l'entreprise, qui se traduisent par des « routines ». Face à l'évolution de leur environnement, les entreprises vont s'adapter grâce à leurs capacités d'innovation, d'apprentissage et d'auto-organisation.

Théorie keynésienne

Issue des travaux de J. M. Keynes, la théorie keynésienne s'oppose à l'école néoclassique en mettant en évidence la possibilité de déséquilibres sur les différents marchés (travail, biens et services). Pour Keynes, la crise de 1929 est due essentiellement à une insuffisance de la demande effective. L'État doit donc intervenir, en particulier grâce aux dépenses publiques, pour relancer l'économie.

Théorie néoclassique

Courant de pensée qui, à la suite de Léon Walras, donne un rôle prépondérant au concept d'utilité marginale dans la détermination des prix.

Théorie monétariste

Théorie économique qui donne un rôle prépondérant à la monnaie dans l'explication des phénomènes économiques. Pour les monétaristes, l'inflation procède d'un excès de création monétaire de la part des banques. À l'inverse, les événements de 1929 ne seraient pas dus à une crise de surproduction, mais à la politique restrictive de la banque centrale américaine. Les monétaristes militent donc pour une croissance constante mais faible de la masse monétaire. Leur chef de file est Milton Friedman (1912-2006), prix « Nobel » de l'économie 1976.

Théorie quantitative de la monnaie

Théorie qui établit un lien de causalité entre la « quantité de monnaie en circulation » et le niveau de prix dans une économie donnée. Une hausse de la quantité de monnaie en circulation entraîne une augmentation des prix et, à l'inverse, une baisse de la quantité de monnaie en circulation engendre une baisse des prix. Cette théorie s'exprime selon l'équation suivante : $M \times V = P \times Q$, où M est la quantité de monnaie en circulation, P et Q étant respectivement les prix et les quantités de biens, et V étant la vitesse de circulation de la monnaie.

Tiers-monde

Expression utilisée pour la première fois par l'économiste français Alfred Sauvy (1898-1990) dans un article publié le 14 août 1952 dans *L'Observateur* sous le titre « Trois mondes, une planète », et qui désignait les pays pauvres de la planète, dont le poids économique était disproportionné par rapport au poids démographique. L'expression a tendance à être remplacée par celle de « pays en voie de développement », ces derniers étant aujourd'hui classés entre « nouveaux pays industrialisés » (NPI) et « pays les moins avancés » (PMA).

Titrisation

Technique financière qui revient à mutualiser et à transférer à des tiers des actifs financiers (par exemple des prêts immobiliers) contre rémunération. Le danger de la titrisation est de diluer le risque et de déresponsabiliser le prêteur de premier rang.

Tontine

Système d'investissement, d'épargne et de crédit en vigueur en particulier parmi des populations asiatiques et en Afrique (subsaharienne plutôt). Elle consiste en un versement d'une somme définie à l'avance, à une fréquence donnée, les sommes récoltées étant redistribuées à tour de rôle à un des membres de la tontine.

Trader

Voir Négociateur de marché.

Traité de Maastricht

Signé en 1992, il institue l'Union européenne, une union à la fois politique, économique et monétaire.

Traité de Rome

Signé le 25 mars 1957 par les six pays fondateurs, il crée la CEE, Communauté économique européenne.

Transferts sociaux

Terme utilisé pour désigner les revenus sociaux, c'est-à-dire les revenus non liés à un apport de travail ou de capital, mais à une situation personnelle (âge, chômage, maladie, enfants...).

Trappe à bas salaires

Mécanisme par lequel des avantages trop importants consentis aux bas salaires sous forme d'exonération de cotisations sociales ou de subvention à l'emploi limiteraient les hausses de salaires dont pourrait bénéficier une partie de la population.

Trappe à inactivité ou trappe à chômage

Désigne les « désincitations » éventuelles à l'activité que représentent les aides sociales versées à des chômeurs et auxquelles il leur faudra renoncer s'ils retrouvent du travail.

Travail

Au sens économique, il s'agit de l'activité rémunérée d'un individu. Le travail doit être distingué des activités de loisir ou de formation. Le premier violon de l'orchestre du Capitole travaille, l'amateur qui joue chez lui une sonate de piano s'adonne à un loisir.

Travailleur pauvre

Terme qui désigne les personnes qui ont un emploi – le plus souvent précaire – et qui sont malgré tout sous le seuil de pauvreté.

« Trente Glorieuses »

Expression que l'on doit à l'économiste français Jean Fourastié (1907-1990) et qui désigne une période de trente ans pendant laquelle la grande majorité des pays développés a connu une forte croissance, avec un taux de chômage faible et une inflation modérée. Les « Trente Glorieuses » correspondent à la période de reconstruction de l'après-guerre, et sont uniques dans l'histoire capitaliste par leur durée.

Triade

Désigne les trois grandes zones économiques qui dominent les échanges internationaux (Amérique du Nord, Asie du Sud-Est et Europe occidentale).

Triangle d'incompatibilité

Reformulation d'un principe énoncé par l'économiste américain Robert Mundell – prix « Nobel » 1999 – selon lequel on ne peut pas avoir simultanément la liberté totale des mouvements de capitaux, la fixité des taux de change et une politique monétaire autonome. Si ces trois objectifs peuvent être considérés comme souhaitables par certains, l'analyse a démontré qu'il n'était possible d'en satisfaire simultanément que deux.

U

Union douanière

Zone de libre-échange à laquelle s'ajoute un tarif douanier extérieur commun. C'est le cas de la Communauté andine avec la Bolivie, le Pérou, le Venezuela, la Colombie et l'Équateur.

Union européenne

Union de différents pays européens en vue de constituer un marché de libre circulation des personnes, des marchandises et des capitaux, et doté de politiques communes dans différents domaines (agricole, industriel, monétaire). Créée en 1992 à la suite de la CEE, l'Union européenne comprend en 2008 vingt-sept pays.

Utilitarisme

Courant de pensée développé au XVIIIe siècle par Jeremy Bentham et John Stuart Mill et qui est fondé sur deux principes : toute action doit donc être jugée non en fonction de ses intentions, mais en fonction de ses résultats ; et une action doit être approuvée si et seulement si elle va dans le sens du bonheur de la société dans son ensemble.

Utilité

Reflet de l'importance qu'un sujet économique attache à un bien, compte tenu de son aptitude à satisfaire les besoins économiques.

Utilité marginale

Satisfaction retirée par un individu de la consommation de la dernière unité d'un bien. L'utilité marginale d'un bien abondant est faible (exemple l'eau), contrairement à celle d'un bien rare (le diamant). Dans la théorie économique néoclassique, c'est l'utilité marginale qui fait la valeur d'un bien sur le marché.

V

Valeur

Caractère mesurable d'un bien susceptible d'être désiré et échangé.

Valeur ajoutée

Valeur nouvelle créée au cours du processus de production. Elle s'obtient par la différence entre la valeur de la production et la valeur des consommations intermédiaires utilisées lors de cette production. La valeur ajoutée correspond à l'ensemble des rémunérations des facteurs de production : traitement, salaires, intérêts, cotisations sociales, impôts et taxes, amortissements et rémunération du capital.

Valeur d'usage

Valeur liée à l'utilité directe d'un bien pour un individu ou une collectivité.

Valeur d'échange

Valeur d'un bien prise au cours d'un échange marchand. La valeur d'échange peut être assimilée au prix.

Virement

Instrument de circulation de la monnaie scripturale, le virement (bancaire ou postal) est un jeu d'écritures qui permet de transférer une somme d'un compte à l'autre. Un banquier, par ordre de son client, prélève une somme au crédit du compte de ce dernier pour la transférer au crédit du compte d'un tiers (ou d'un autre de ses comptes) dans la même banque ou dans une autre banque.